AF364151

Título: *Piensa, vende, ama*
© 2020, Carolina Rodrigo Fuentes

Autoedición y Diseño: 2020, Carolina Rodrigo Fuentes

Primera edición: febrero de 2020
ISBN-13: 978-84-09-08536-1

Alabanzas a la trilogía

PIENSA, VENDE, AMA.

Libros escritos desde el corazón de su autora, Carolina Rodrigo Fuentes, con el propósito claro de dejar una semilla en el mundo de las ventas y vendedores como Tú, vendiendo con conciencia, aportando el mejor servicio, pensamientos y amor.

PRÓLOGO DE AUTOR *BEST SELLER* LAIN GARCÍA CALVO

Cuando venimos a este mundo no tenemos ningún concepto de la vida, de lo que podemos esperar de ella y de qué papel vamos a desempeñar. Pero poco a poco la imagen del mundo y de nuestra relación con él va moldeándose en nuestras mentes.

Nuestros padres nos advierten, nuestros profesores nos instruyen, nuestro entorno nos condiciona... y poco a poco vamos construyendo nuestra identidad, nuestra personalidad, y aquel mundo lleno de posibilidades maravillosas de pronto se convierte en un lugar hostil, lleno de prohibiciones y de conceptos aberreados sobre lo que ocurre en realidad a nuestro alrededor.

La mayoría de las personas sufren de salud, de amor y de dinero. Esa es la normalidad y el mundo que nos han mostrado. De tal manera que cuando alguien sobresale en cualquiera de estas tres áreas por encima de lo establecido como "normalidad", enseguida se le tacha de suertudo, y eso en el mejor de los casos, porque normalmente lo que sucede es que se lo critica o se le busca el fallo.

No nos creemos que el mundo es bueno. No nos creemos que, aunque la mayoría esté mal, la normalidad no es esa, sino que es estar bien.

No creemos que todo lo que nos sucede lo hemos creado nosotros y enseguida lo justificamos con ejemplos absurdos como: "¡Ah!, ¿me estás diciendo que yo he elegido nacer en este país?", "¡Ah!, ¿me estás diciendo que yo elegí que mi pareja me dejara?" o "¡Ah!, ¿me estás diciendo que yo elegí esa enfermedad?".

Y sí, lo estoy diciendo, solo que no todo el mundo lo aceptará y, por tanto, seguirá siendo víctima de esas circunstancias y no el creador.

Los negocios son un juego espiritual porque uno prospera haciendo el bien, DANDO y después recibiendo. El objetivo no es el dinero, es SERVIR, y después recibes el dinero. Por eso las ventas son el vehículo para hacer el bien, y si estás leyendo estas líneas es porque ya ha llegado el momento del cambio en tu PARADIGMA que te llevará a resultados extraordinarios.

LAIN, autor de la Saga *LA VOZ DE TU ALMA*. www.lavozdetualma.com

PIENSA, VENDE, AMA, ¡waaauuu!, fantástico libro de liderazgo de ventas ejecutado desde el amor. Es increíble, me puso los pelos de punta, ha sido impactante. Creo que un negocio liderado desde el amor no es un negocio, es una fuente de riqueza, es algo que trasciende más allá de lo establecido. Este libro será un ejemplo que seguir de liderazgo absoluto. Recomendadísimo.

Mil gracias, Carolina, por abrir nuevos caminos a los negocios.

Elia Rubio Romero, autora del libro *Ven, conecta*.

PIENSA, VENDE, AMA me ha ayudado a conectar la espiritualidad con las ventas y amar mi trabajo cada día. En su libro, Carolina cuenta su gran desafío personal a través del cual logró sanar su pasado y recuperar la ilusión en la vida. Si te cuesta trabajo vender y tienes creencias que te limitan a la hora de conseguir clientes, te lo recomiendo totalmente.

Me ha servido muchísimo, Carolina. Mil y una gracias.

Isa Campillos, autora de *El Código de tu sanación*.

¡¡Este maravilloso libro es un camino de estar abajo a conseguir la cima!! Su autora nos describe a través de su historia de superación cómo logró enamorarse del mundo de las ventas y cómo cambió su vida. Da un giro al cliché del vendedor y aporta muchas reflexiones internas desde la parte de ser el que compra como de ser el que vende. Sin duda, un aire fresco al concepto de venta que se tiene. ¡Maravilloso!

Tatiana García Pérez, autora de *Elígete.*

PIENSA, VENDE, AMA es un libro que ayuda a conectar con el Amor y muestra cómo al vender se puede llegar también al Alma de las personas, mirarlas a los ojos y darles aquello que realmente necesitan y que les hará bien. Carolina es un Gran ejemplo de Superación que te ayudará a llegar a esta mirada, aquella que hace tanta falta a nuestra Sociedad. Muchas Gracias, Carol.

Ana Gordillo, autora de *Querida Tristeza...*

¿Quieres ser el mejor vendedor del mundo? Descubre las claves para vender desde el amor, la confianza y la integridad. Carolina te enseña el camino de la venta como un intercambio mágico de emociones.

Rocío Sánchez, autora del libro *¿Quién es la otra?*.

Vender desde el amor, desde el servicio, mirando el alma de los clientes. Esta es la enseñanza de este fantástico libro de ventas que nos ayuda a liberarnos de las creencias limitantes adoptadas sobre las ventas y los vendedores. Gracias, Carolina, porque con *PIENSA, VENDE, AMA* he logrado enfocar mi propio negocio con otra visión, liberarme de miedos y disfrutar vendiendo.

Nuria Quirós Roldán, autora del libro *Cada día mejor*.

Me ha encantado la perspectiva que da acerca de una profesión tan digna como es ser vendedor, porque en el fondo todos lo somos. El enfoque que va de servicio a los demás me parece fascinante. Una gran historia de superación de la que tenemos mucho que aprender. Muchas gracias, Carolina, por compartirla.

Lourdes López, autora de *Como sirena en el agua*.

¿Quién no se ha sentido incómodo alguna vez al vender un producto o servicio? ¿Acaso no se te ha ocurrido que quizás tu cliente piense mal de ti porque quieres venderle? Pues Carolina nos enseña que todas estas son más que creencias a la hora de vender, conectando desde el amor con tu cliente, comprendiendo su verdadero conflicto y tú aportando la solución. Porque vender puede ser un acto de amor, esto podrás descubrirlo gracias a esta gran autora… muy recomendable

Dra. Carina Povarchik, autora de *Donde todo comienza*.

Me encanta trabajar de mi pasión y darlo todo, pero en ocasiones algunos miedos me han jugado malas pasadas. Carolina, con su libro *PIENSA, VENDE, AMA,* nos ayuda a quitarnos esos miedos y creencias que nos limitan profesionalmente y que afectan a nuestra vida personal. Gran historia y gran libro con enfoque, muy práctico. Ahora puedo vender desde el amor todo aquello que hago, con confianza en mí misma.

Gracias, Carolina, por tus consejos.

Nuria Sala Bergillos, autora del libro *Tu don, el poder de sanar tu vida*.

El libro *PIENSA, VENDE, AMA* realza las creencias limitantes que muchos vendedores tienen. Tras varios desafíos de su protagonista, descubriremos mediante su lectura el empoderamiento que todos los vendedores deben ir adquiriendo, además de conectar con los clientes desde la empatía. ¡Enhorabuena, Carolina!

Mely Relinque, *exmanager* Luxury, CEO de Formación a empresas y autora de la Trilogía *Más allá de Tu Piel*

El libro *PIENSA, VENDE, AMA* es un libro magnífico que me va a ayudar a vender más, es un libro con el Propósito de ayudar a que todo el mundo se dedique a las ventas o no desde el desafío personal. Su autora es Carolina, la cual me ha hecho vibrar muy alto con su experiencia personal.

Gracias, Carolina, por este maravilloso libro, estoy muy agradecida.

Isa Penedo, autora del libro *Quédate con lo Bueno y Sé Feliz.*

Carolina, infinitas gracias por tu libro *PIENSA, VENDE, AMA,* me ha encantado la forma en la que enfocas el tema de las ventas, con tanto cariño y pasión por lo que haces. Tu experiencia personal me ha dejado sin palabras, y cómo lograste afrontar la situación es increíble. En las páginas de tu libro se refleja cómo te enfocas en el alma de las personas, y tu entusiasmo por la espiritualidad, la venta y el crecimiento personal, lo relatas de un amanera muy especial. Gracias por compartir conmigo este maravilloso libro, estoy segura de que ayudarás a muchísimas personas a conectarse con sus clientes desde el amor, el excelente servicio y la buena FE.

Claudia Elizabeth Garcete, autora del libro *LOS SECRETOS DE MI MUNDO.*

QUÉ DICEN DE CAROLINA RODRIGO:

Carolina es una mujer increíblemente poderosa, por sus convicciones, por su pasión y por estar compenetrada con la profesión que hace que el mundo se mueva, *las ventas.*

Sin dudas, es necesario leer lo que ella tiene que compartir, pues, en un momento como el actual, cada vez más personas necesitarán aprender el oficio de servir a otros desde la profesionalidad de las ventas.

¡Felicitaciones!

Cristian Abratte, de escuelariqueza.org

Carolina Rodrigo nos enseña cómo en las transacciones comerciales y más allá de las técnicas de ventas intervienen principios intangibles como el aprecio sincero, la honestidad y la transparencia, valores que potencian las relaciones personales y definitivamente nos hacen tener más éxito. Carolina es un auténtico ejemplo como vendedora de éxito con una gran calidad humana. Habla de su propia experiencia y eso es lo que yo siempre más valoro. Lo primero que me llamó la atención al conocerla es que estaba delante de una persona positiva y, sobre todo, congruente, una mujer que piensa, dice, y hace exactamente lo mismo que transmite por escrito. La información que contienen sus libros es un auténtico tesoro para cualquier vendedor.

Toni Pons, mentalista-hipnotista

Qué decir de Carolina, es una mujer sincera, clara, directa, tierna, cañera y cercana, que en su obra *PIENSA, VENDE, AMA* explica cómo a pesar de su superación personal, dada por sus experiencias, entró en el mundo de las ventas, un mundo difícil, pero, desde su esencia y su amor, se hizo un hueco revolucionando por completo el término de "Ventas". Una obra imprescindible si quieres revolucionar tu vida, tu trabajo, relaciones, etc., aportándote amor a ti y a los demás. Increíble Obra, Carolina, mil gracias por este regalo, y enhorabuena por ello.

Borja Montés Llopis, autor del libro *A través de tus ojos*

PIENSA, VENDE, AMA.

SÉ UN VENDEDOR DE SONRISA ILUMINADA

¡NO TE CONFORMES CON MENOS!

CAROLINA RODRIGO FUENTES

Título: *Piensa, vende, ama*
© 2020, Carolina Rodrigo Fuentes

Autoedición y Diseño: 2020, Carolina Rodrigo Fuentes

Primera edición: febrero de 2020
ISBN-13: 978-84-09-08536-1

"Cuando un vendedor sabe dónde va, el universo le abre las puertas del camino".

Bienvenido, amado lector.

Antes de comenzar, quiero darte las GRACIAS por haber tomado la decisión de adquirir este libro. Es un gran paso para transformar tus ventas, no solo vender más sino mejor.

El propósito de este libro es dar lo mejor a las personas, para crear un mundo de vendedores con conciencia y valores, basándome en las tres A de un vendedor:

APRENDER, AYUDAR, AMAR

Su significado es el siguiente:

- APRENDER, (piensa) recuerda quién eres, qué has venido a hacer y por qué a través de tus ventas, comienza desde ahora a reconocer que el mundo de la venta es un aprendizaje continuo.

- AYUDAR, (vende) toma conciencia de cómo a través de tu profesión, tus productos o servicios, estás ayudando a mejorar en algo a tus clientes, a ti y al mundo.

- AMAR, (ama) vender desde el amor es aportar el mejor servicio, dar lo mejor de ti "amándote", amando tus productos y amando a las personas "clientes". El amor es lo único que existe y, como dijo el autor de la famosa obra *El principito*, es lo único que crece cuando se reparte.

Tú puedes poner en práctica las tres A desde ahora mismo, ser una fuente de inspiración para quienes te rodean y dejar tu semillita, para crear un mundo de vendedores conscientes, porque TÚ Y YO vendimos en ÉL.

¿Cómo?

SÁCATE UNA FOTO CON EL LIBRO Y COMPÁRTELA EN FACEBOOK, INSTAGRAM Y TWITTER.

En el comentario de la foto puedes poner:

"YO PIENSO, VENDO, AMO, ¿Y TÚ?"

Mi compromiso con las tres A en este caso es **Aprender** mientras escribo y comparto contigo, contribuir **Ayudando** con el 10 % de las ganancias totales de las ventas del libro con la asociación DESATA TU POTENCIAL, una organización sin ánimo de lucro y entidad de voluntariado creada y compuesta por un grupo de personas comprometidas con el desarrollo integral del potencial humano, especialmente de los jóvenes y adolescentes. **Amar** aportando lo mejor de mí, dando el mejor servicio a todas las personas que adquieran el libro, pasen por mi vida o quieran mantener contacto conmigo mediante redes sociales.

Querido lector, tú ahora mismo sin pensarlo también has cumplido o estás a punto de cumplir con las tres A.

¿Cómo?

1. Leyendo este libro estás APRENDIENDO a vender con valores.

2. Al comprarlo, estás AYUDANDO donando el 10 % a la asociación descrita anteriormente, y me estás ayudando a mí para poder llegar a que más personas puedan conocer estos principios, aprender y vender con conciencia.

3. Compartiendo en redes sociales estás AMANDO a otras personas para que también puedan beneficiarse de él y estás amando al mundo por-

que, cuantas más personas vendan con los valores que en este libro describo, el mundo de las ventas será un lugar mucho más bonito.

Además, poniendo en práctica las tres A estás activando l**a segunda ley espiritual del éxito, Dar y Recibir**, lo que significa que, cuando entras en contacto con alguien, debes ser el primero en tratar al otro con amor y respeto. Esto permitirá que recibas el mismo regalo o quizás más grande, es como una retroalimentación, una energía que se activa y te permite que, al ver los resultados, más la quieras aplicar. ¿No te parece esto maravilloso?

GRACIAS DE ♡

ÍNDICE

INTRODUCCIÓN.

Todo lo que escribo en este libro es mi forma de pensar, actuar y mi experiencia, lo escribo desde la humildad y la igualdad, sabiendo que todos somos uno, que toda esta información que comparto quizás se había olvidado, y para ello he recopilado algunas ideas de grandes maestros históricos y actuales y las he aplicado a mi manera de pensar y actuar en el mundo de las ventas. Sabiendo que todo lo que escribo lo voy reforzando, lo comparto para seguir comprendiéndolo, y al compartirlo termino de integrarlo, así podré crear en la mente más espacio para lo nuevo, recordar quién soy a través de vosotros y expandirlo para que más personas puedan experimentar el bienestar que se siente al vivir desde el amor y hacer de su profesión su pasión. El contenido de este libro me resulta personalmente valioso, pero comprendo que está destinado a otras personas y no solo a mí. Está destinado a ti y a cualquier otra persona que acceda a él, puesto que mis aprendizajes, mis dudas, mis experiencias, mis conocimientos… son también los tuyos.

El arte de vender es mi pasión, y mi deseo es compartirlo con el propósito de ayudar o inspirar a la humanidad para así poder dejar una semilla en este mundo.

Me dedico al mundo de las ventas, me apasiona el crecimiento personal, profesional y espiritual. Me he formado con grandes maestros en estas tres áreas,he invertido mucho tiempo y dinero en lecturas, estudios, viajes, cursos, seminarios y mentorías, los cuales quiero compartir a través de la lectura de mis libros. Lo que más me motiva a compartir todos mis conocimientos es mi propia evolución, tanto en el área laboral como en la personal, el gran efecto que ha tenido en mí, la plenitud y la paz mental con la que vivo ahora. Es tanto el bienestar que siento, que me obliga a expandirlo para así poder ayudar a otras personas a que se sientan igual, o, por qué no, mejor.

En la lectura de este libro vamos a pasar por un proceso de tres pasos, mediante los que aprenderás la mentalidad y estrategias para que puedas subir más escalones en el área de tus ventas.

1. Vencer el victimismo.

2. Cambiar las Creencias.

3. El reflejo de tus clientes.

En el tiempo que llevo dedicándome a esta profesión he conocido personas realmente extraordinarias, grandes vendedores con técnicas de ventas fabulosas de los cuales he aprendido muchísimo. Pero también he observado y aplicado desde mi propia experiencia algo que puede ayudarnos a vender **"más y mejor"**, algo que es de vital importancia y en lo que la mayoría de vendedores y personas fallan: **LA MENTALIDAD, LOS VALORES Y EL MANEJO DE LAS EMOCIONES.**

Tener una mentalidad adecuada es de lo más importante. Puedes tener muchísimas técnicas y habilidades de ventas, pero si tu mentalidad no es la adecuada, esta siempre te va a estar traicionando, llevándote al mismo lugar y a los mismos resultados una y otra vez, haciendo que vuelvas a patrones antiguos que quizás ahora ya no te estén ayudando a crecer como vendedor. Debes ser consciente de que, si lo que quieres son resultados distintos, tanto para tus ventas como para tu vida, debes de hacer las cosas diferentes, no puedes obtener distintos resultados haciendo las mismas cosas. Pese a que creas que el tiempo es siempre igual, cada día y cada momento son diferentes, son parte de un proceso cósmico y colectivo lleno de señales y símbolos que nos hablan y nos pueden hacer entender el cambio personal y planetario que estamos viviendo. Abre tu mente, es tiempo de practicar y darte cuenta del enorme potencial que tienes.

¿Te adaptas o te adaptan?

¿Estás dispuesto a recordar?

¿Estás dispuesto a aceptar aprendizajes nuevos?

Algunos vendedores son más flexibles a la hora de adaptarse a los cambios, lo hacen sin mayor dificultad, pero otros encuentran muchas dificultades para hacerlo. Se cuestionan constantemente sin darse cuenta de que, para prosperar en esta profesión es necesario estar en constante aprendizaje, porque, mientras que lo que ayer servía para vender, hoy puede cambiar radicalmente. Esto puede causar mucha tensión, estrés en sus vidas y lo peor es qué puede ocasionar estancamiento. Es de vital importancia cambiar las ideas y forma de pensar, porque **no hay peor ciego que el que no quiere ver,** y un vendedor ciego difícilmente va a poder guiar por el mejor camino o liderar a más vendedores, y cuando digo "ciego" me refiero a "dormido". Una cosa es cierta e inevitable, y es que estamos en una era de constante evolución. Por lo tanto, has de tener valor y moverte hacia delante por caminos nuevos e inexplorados. Confía plenamente, no estás solo, hay un mundo de posibilidades infinitas esperando ser descubiertas, aprovecha las maravillas que estamos viviendo en esta época de evolución constante, solo tienes que soltar y no resistirte.

Sé como un camaleón capaz de adaptar el color de su piel, así se pose en una hoja, una rama o una piedra.

"Quien Sobrevive No Es El Más Fuerte Ni El Más Inteligente, Sino El Que Se Adapta Mejor Al Cambio".

Charles Darwin

Veremos cómo vender puede ser la expresión de amor más grande que existe. Vendiendo desde el amor harás felices a los demás, pero, lo mejor y más importante, te harás feliz a ti y contagiarás esa felicidad a todo aquel que se acerque a ti. Veremos cómo podrás hacerlo con luz propia y conseguir ser:

UN VENDEDOR DE SONRISA ILUMINADA

"Un Vendedor De sonrisa Iluminad Es Aquel Que Sonríe A Sus Clientes, No Solo Con La Boca, También Con El Corazón".

Carolina Rodrigo

Te mostraré alguna herramienta rápida de presentación para que puedas causar impacto a tus clientes desde el primer momento y en cualquier lugar de una manera ágil y eficaz.

Veremos cómo podrás entender mejor las necesidades de tus clientes, y, por último, harás tu pedido de ventas al universo. Siguiendo los pasos que vas a encontrar en este libro estarás activando la ley de la atracción, una ley que, si la aplicas correctamente, ¡no falla JAMÁS!

Antes de empezar quiero hacerte una pregunta.

¿Qué es para ti tener éxito como vendedor? Pienso que el éxito de un vendedor no está en llegar a la meta, sino en la clase de persona y vendedor en el que te conviertes por el camino. Por eso mi recomendación es que disfrutes al máximo del proceso. El primer paso que tienes que dar para lograr el éxito es **DECIDIR**.

¿Qué quieres **SER, HACER Y TENER**, en el área de las ventas? Escríbelo.

Quiero avisarte, amado lector, de que no va a ser del todo fácil, por el camino vas a encontrar piedras y pedruscos puntiagudos. Algunos los conseguirás esquivar, pero con algunos otros tropezarás y hasta puede que del golpe te lesiones. No te preocupes, esos obstáculos solo están ahí para enseñarte algo importante para tu progreso, tanto en el área personal como en el profesional, y reafirmarán tu compromiso con las ventas. Comprométete contigo mismo y con tus ventas, ten por seguro que conseguirás llegar a donde tú quieras y más. La mayoría de vendedores que dicen estar comprometidos, cuando tropiezan con el pedrusco puntiagudo, se vienen abajo, se dan cuenta de lo que realmente supone el tener éxito y entonces comienzan a justificarse, diciendo cosas como: "Estoy bien como estoy", "No necesito tanto", "Quizás las ventas no sean lo mío", "No hace falta tener más para ser feliz"… mil excusas que les llevan de nuevo a su zona de confort. Eso no es estar comprometido, eso lo único que hace es reafirmar tus creencias limitantes y, de momento, dejarte en el mismo lugar en el que estás ahora. Pero, ¿qué pasaría si decides **vender ahora como nadie vende para que en el futuro puedas vivir como nadie vive**? El compromiso requiere de mucho más, es continuar hacia tus objetivos, independientemente del dolor que pueda causarte el pedrusco, sin mirar atrás ni abandonar. Tus ventas tienen que estar por encima de todo, porque así lo has decidido tú, y una decisión se toma cuando realmente la pones en práctica y haciendo lo que dijiste que ibas a hacer, independientemente de las piedras y pedruscos que te encuentres por el camino; es decir, tienes que convertirte en un vendedor íntegro.

¿Hacemos un trato?

Di con fuerza y seguridad:

"YO SOY EL MEJOR VENDEDOR DEL MUNDO"

Ahora sal ahí fuera y demuéstralo.

¿Crees que las personas que consiguen tener éxito en algún área de su vida no pasan por desafíos?

Quiero hablarte de la persona que ostenta el título del mejor vendedor del mundo en la actualidad, título reconocido en *El libro Guinness de los récords*. Joe Girard es un vendedor estadounidense que consiguió vender 13.001 vehículos en quince años de carrera, entre los años 1963 y 1978. Joe Girard no lo tuvo realmente fácil en la vida, su infancia fue dura por causa de la violencia física que sufría por parte de su padre. En la sociedad tampoco se lo pusieron muy fácil, sufrió discriminación por ser de ascendencia siciliana, motivo por el que fue relacionado con la mafia italiana. Ser vendedor de coches no fue uno de sus primeros trabajos, anteriormente estuvo trabajando como vendedor de zapatos, en el cual fracasó. Puedes saber más en su libro *Cómo vender cualquier cosa.* Pero lo que quiero que veas es cómo Joe Girard logró tener éxito a pesar de todos los desafíos que pasó en su vida. Él supo dirigirlos para que todos ellos conspiraran a su favor y no en contra, y quizás tuvo que pasar por todo esto para convertirse en el mejor vendedor del mundo.

Tal vez, amado lector, tú también hayas pasado por desafíos, pero quiero que sepas que un "NO" solo es el principio de un "SÍ". Es posible que quizás la vida tampoco haya sido fácil para ti, pero, ¿qué tal sería si miraras atrás simplemente para cambiar el enfoque y lograr entender que todos los pedruscos que te encontraste por el camino estaban ahí para enseñarte algo?

Continuar con una actitud de víctima no te va a ayudar porque si quieres transformar tu realidad primero tienes que empezar por ti, tomar conciencia de que todos los momentos oscuros por los que has pasado han sido necesarios para hacerte más fuerte y convertirte en la persona que ahora eres.

¿No es cierto que después de pasar por un desafío has salido más reforzado y con algún aprendizaje nuevo?

Comienza ahora por ver la parte luminosa de la vida, buscando lo mejor en cada situación que surja. Si crees que es complicado cambia tu actitud, mira las situaciones desde un plano positivo, sacando el mayor aprendizaje posible de cada situación, y verás lo que sucede.

Todo lo que has de hacer es guardar silencio y buscar lo que está en tu interior. La respuesta está ahí, sé paciente y todo se revelará a su debido tiempo. No hay nada difícil ni complicado, si así lo crees es porque tú has hecho que así sea, cambia tu enfoque, deja de buscarle los tres pies al gato y…

Vamos a por el éxito, a hacer de ti y de las ventas algo más grande.

¿EMPEZAMOS?

AGRADECIMIENTOS.

Mamá y Papá, gracias porque sin vosotros simplemente no estaría aquí dando las gracias, es maravilloso haber tenido la dicha de que me dierais la oportunidad de vivir en este mundo mágico. A ti, mamá, gracias por escucharme, aunque a veces no hice lo que decías no dejaste de apoyarme. No solo me diste la vida, me cuidaste e hiciste de mí la persona que ahora soy, una mujer valiente como tú (la mujer más valiente que conozco). Tú cosiste mis alas, y cuando las viste rotas las volviste a coser una y mil veces con todo tu amor para que pudiera volar alto. TE AMO.

Alfonso Toledo, más que un padre, un compañero de viaje para mi mamá. Gracias por cuidar de mí y de mis hermanos como un padre y de Abril como tu nieta.

Abril, Dios me dio el regalo más maravilloso al convertirme en madre de una niña que alegra mi existencia cada día de mi vida. Completas mi círculo de amor a la perfección. Gracias por ser un milagro en mi vida. Abril, tú tienes el poder de lograr cuanto quieras en la vida, yo estaré aquí siempre, porque te amo y creo en ti.

A mis herman@s, Maribel y Miguel Ángel, fuisteis mis primeros amigos, y hemos vivido muchos momentos buenos y malos. Solo vosotros conocéis mejor que nadie mis defectos. A vosotros, que tanto me habéis aguantado, gracias por quererme tanto, aunque lo hagáis a vuestra manera, por eso sois tan especiales para mí. Sois los mejores hermanos que Dios podía haberme dado, os quiero.

A Natalia, mi pequeña sobrina, con su melena rubia y su sonrisa que ilumina por donde pasa, eres la hija de mi hermana, pero te quiero como a mi hija.

A mi familia, en especial mi prima Cristel y mi primo Mario. Como cualquier familia, estamos rodeados de alegrías y tristezas, pero llenos de amor. Nuestros lazos de sangre son los que me dan la confianza que ha hecho de mí una persona fuerte y llena de mucho amor para dar. Sin vosotros no habría sido así, por ello mi agradecimiento es eterno.

A mis maestros en el área de las ventas, Rafael Muñoz y Juan Carlos Benito, por regalarme la oportunidad de aprender este oficio tan gratificante que es vender. Gracias de corazón porque vuestra confianza ha sido la mía.

Alfredo Soler, **mi gran maestro** en este mundo llamado ventas. Me impresionó desde el primer momento que lo conocí por sus inmensas cualidades humanas y técnicas de ventas. Gracias por enseñarme y ser tan buena persona.

Gracias a todos mis compañer@s por el apoyo que he recibido de vosotr@s.

A mis mejores maestros del crecimiento personal y espiritual, pues sin ellos no habría llegado tan alto en la vida, seguiría siendo esclava de la mediocridad. Gracias a ellos abrí mis alas al conocimiento, con ellos descubrí las maravillas que este mundo nos ofrece y descubrí el placer por aprender, sin importar la edad. Millones de gracias, Lain García Calvo, por enseñarme a ser imparable. Juan Planes (*Desata tu potencial*), por mostrarme el camino a la felicidad y desatarme a vivir la vida. Cristian Abratte y Robert Kiyosaki, por enseñarme educación financiera y acompañarme en el camino hacia la libertad en las finanzas. Toni Pons, por meterte en mi mente y recordarme el gran poder que tiene. Covadonga Pérez Lozana, porque a través de tus vídeos y libros he aprendido la importancia de amarme para poder amar, y a todos los grandes maestros que sigo desde la distancia, gracias por todos los conocimientos que habéis dejado a través de libros, audios, vídeos y cursos.

A mis amig@s, los que me acompañaron en algún momento, los que están y los que vendrán, gracias por acompañarme en este viaje llamado vida.

A mi grupo de ALMAS IMPARABLES, en especial a Geno, Conchi y Concha, grandes almas de luz universal despiertas al servicio de la humanidad que me han enseñado a demostrar mis sentimientos en vez de solo decirlos. Vuestra amistad es algo de mucho valor para mí, doy gracias a Dios por poneros en mi camino y hacerme de espejo. Mi agradecimiento hacia vosotras es infinito.

CAPÍTULO I

¿Recuerdas cuando eras bebé y estabas aprendiendo a comer, andar, hablar, etc.?

Por mucho que fallabas lo volvías a intentar una y otra vez, sin cuestionarte si lo ibas a lograr o no, simplemente sabías que ibas a hacerlo, no existían las dudas ni más alternativas. Incluso las personas de tu alrededor te animaban y premiaban cada vez que lo intentabas, sin burlarse ni reírse de ti cuando no lo conseguías, todos sabían que es un proceso por el cual tenías que pasar y estaban seguros de que lo ibas a lograr. Esto mismo es lo que tendría que suceder cuando estamos aprendiendo a vender, pero lo malo es que pocas veces es así, los primeros que nos cuestionamos somos nosotros mismos, y lo bueno es que se puede cambiar.

¿Recuerdas cuando eras niño y querías conseguir algo?

Intentabas salirte siempre con la tuya, llorabas, hacías caritas, pataleabas, repetías las cosas, lo volvías a intentar una y mil veces, lo hablabas con tus hermanos si tenías o incluso si no con algún amigo para que lo intentara él, hacías hasta lo imposible por conseguirlo, utilizando todo tipo de cierres para lograrlo.

¿A qué se debía tanta insistencia?

Pues a que tus deseos estaban por encima de todo.

Desde que naces y cuando eres niño tienes habilidades innatas y eres capaz de captar las emociones delas personas de tu entorno. Por ello, cuando percibías una mínima posibilidad para cumplir tus sueños y salirte con la tuya, te esforzabas para conseguirlo.

Ahora bien, lo que ocurría era que muchas veces, cuando intentabas conseguir algo, te calificaban como un niño cabezota, testarudo, impertinente, caprichoso, desafiante e incluso como un pequeño tirano.

Por lo que poco a poco te fuiste desconectando de todas esas habilidades, y no es porque ya no quisieras obtener cosas, es porque empezaste a tener miedo a no gustar, a ser rechazado, al fracaso.

Pero…

¿Es malo que intentaras salirte con la tuya?

¡NO!

Es absolutamente normal.

Intentabas simplemente lograr tus objetivos, lo que pasa es que normalmente no coincidían con los objetivos de tus padres, de tu entorno o de tu sociedad.

Sin embargo, un niño que se esfuerza por defender sus derechos y lograr sus objetivos será un adulto que gozará de una gran fortaleza, seguridad, confianza, autoestima y felicidad.

Lo que quiero decir es que todos nacemos con estas habilidades, pero no nos enseñan a dirigirlas correctamente para obtener beneficios de ellas, hasta el punto de que existen casos en los que se llega a prescindir completamente de ellas.

Aun así, quiero que entiendas que estas habilidades son necesarias e imprescindibles para la vida de un vendedor, y como hemos visto estas son innatas, es decir, todos las tenemos desde que nacemos. Por lo tanto, esto demuestra que todos somos vendedores y que lo único que nos diferencia en este caso es cómo tengamos de desarrolladas estas habilidades.

Habiendo reconocido e integrado esto, sabrás la verdad, y es que te guste o no siempre estás vendiendo o negociando algo independientemente a lo que te dediques, es decir, desde los que trabajan en oficinas, los que están detrás de mostradores, los que trabajan en casa, hosteleros, cualquier profesión y situación de la vida cotidiana necesita venderse. En la vida todo es una venta, todo es una negociación, y siempre estás intentando convencer a los demás de lo que tú crees que es verdad.

La Vida Es Venta

Y me atrevo a decir que los que no vendan están realmente fastidiados, ya que terminarán malvendiendo su casa, su coche, su móvil, etc., porque no saber vender bien puede terminar afectando no solamente a tu vida profesional, sino también a tu vida personal.

Además, debes saber que los vendedores son unas de las personas más importantes de cualquier negocio, ellos se encargan de vender los productos o servicios, y sin ventas un negocio no podría subsistir, vender es la base para que un negocio funcione.

Sin Ventas No Hay Paraíso, Y El Paraíso Lo Creas Tú

Para que lo puedas ver con más claridad piensa que igualmente todos tenemos también la necesidad de comprar, ¿cierto?

Todos los seres humanos somos cada vez más consumidores insaciables, y es debido a que nuestras decisiones de compra son emocionales, compramos por alguna insatisfacción o necesidad en nuestra vida, sea emocional, física, etc. Cada día compramos infinidad de productos, infinidad de objetos o infinidad de beneficios, y no solamente gastamos dinero, gastamos voz, gastamos saliva, gastamos energía. Compramos objetos materiales y también compramos ideas, lugares donde ir, proyectos, experiencias, formaciones, etc.

Es un consumismo que parece que se nos está yendo de las manos, pero mirándolo desde otra perspectiva es algo maravilloso y muy bonito, porque, si todos somos vendedores y todos somos consumidores, quiere decir que nos necesitamos los unos a los otros, lo que confirma una de las leyes universales, que dice que todos somos uno, que no hay separación en el mundo. Todos tenemos un mismo origen que proviene de la misma fuente, la fuente es todo, es el universo, y todos somos la fuente, no fuimos creados por él, sino que formamos parte y vivimos en él. En esencia, nosotros somos el origen del universo. Cuando tomas conciencia de esto, puedes reconocer el gran poder que tienes, y de ti depende cómo quieras utilizar ese poder, de forma negativa o positiva, tienes libre albedrío. Pero dependiendo de esa decisión, así será tu vida, así serán tus ventas y así será el entorno que crees, lo que quiere decir que eres el creador no solo de tu vida, sino también de tus ventas y del universo.

Otro punto muy importante a tener en cuenta para poder comprar y vender, son los precios, en especial el tuyo.

¿Cuánto vales tú como vendedor?

El valor que tú aportas a tus clientes, al mundo, el tiempo, dedicación, servicio, sabiduría, etc., es decir, el valor que tú mismo te atribuyes y el que atribuyes al mundo.

En este punto quiero que tomes conciencia de que el vendedor en ocasiones no tiene por qué ser necesariamente recompensado con dinero, es decir, la recompensa puede venir disfrazada de muchas formas, ahora veremos algunos ejemplos. Primero quiero que entiendas que también entra el que te valoren a ti y a tu tiempo, y, para ello, debes de enseñar a la gente a que pague ese precio demostrándoles que verdaderamente tu producto les va a solucionar o aportar el valor que necesita. El precio también va en compensación a lo que tú les estás aportando, tanto con tu producto como con tus servicios, conocimientos y persona. En la misma medida que tú aportes valor, así lo verás recompensado a través de tu abundancia económica, personal y profesional.

Este es tu gran poder de vendedor EL VALOR.

A continuación, te voy a mostrar diferentes formas en las que pueden venir disfrazadas las recompensas.

¿Has oído hablar alguna vez de la teoría de que todo en esta vida tiene un precio?

Existen personas que piensan que esto no es del todo cierto y dicen cosas como, por ejemplo, que el amor de madre, el amor hacia un hijo o el amor hacia tu pareja no tienen precio.

Pero piensa en esto:

Las que son madres y tuvieron a su hijo nueve meses en su vientre, algunas soportaron los dolores, las angustias, el sueño, el peso del bebé, el parto…, y no se queda todo aquí, sino que, además, una vez nacido el bebé, pasan noches sin dormir. Conforme el bebé va creciendo, piensan en darle la mejor educación en la adolescencia, y otra vez sin dormir por saber dónde está, con quién irá y la hora a la que llegará a casa, y todo ello contando con el mejor de los casos.

¿No te parece esto suficiente precio?

Ahora piensa en cuando te enamoras y quieres conquistar a esa persona. Le haces regalos, te perfumas más de lo habitual, la invitas a cenar, lavas el coche cada vez que vas a verla, te compras ropa nueva porque quieres estar más guapo, sales más, viajáis juntos, no sales tanto con tus amigos, etc.

¿No te parece esto suficiente precio?

Lo que quiero que veas es que no necesariamente el precio que pagar es con dinero, ya que las recompensas pueden llegar disfrazadas de muchos otros aspectos, como, por ejemplo, AMOR, CONFIANZA o EDUCACIÓN. Asimismo, puedes ver cómo todo lo que quieras lograr tiene un precio, y el éxito en tus ventas también va a depender de que pagues ese precio.

A lo largo de la lectura de este libro vas a poder ver cuál es ese precio, podrás decidir si lo quieres pagar o prefieres seguir siendo un vendedor MEDIOCRE.

La palabra "MEDIOCRE" proviene del latín *mediocres*, y está formada por dos partes: *médium*, algo que está en el medio o mitad de algo, y *ocres*, que es montaña o peñasco. La traducción literal sería que está a la mitad de la montaña, lo que quiere decir que una persona mediocre es aquella que se queda a la mitad del camino, nunca llega a la cima porque cree que no tiene demasiado talento o que su capacidad es limitada.

Ahora ya sabes que la teoría de que TODO EN ESTA VIDA TIENE UN PRECIO es real y que si no quieres ser un vendedor MEDIOCRE tienes que pagar un precio. **Cuanto más quieras vender, ganar, ayudar, aprender y amar, más grande será el precio que pagar.**

TODOS LLEVAMOS UN VENDEDOR DENTRO.

Este libro no solo está enfocado para vendedores, puede ser leído y lo recomiendo a todas las personas. Como has podido ver todos vendemos algo, es decir, siempre estás negociando e intentando convencer a los demás de lo que tú crees que es verdad, lo que quiere decir que si no vendes estás malvendiendo, esto es algo que puedes aplicar en cualquier área de tu vida.

No es un libro de ventas habitual en el que vayamos a tratar sobre cierres de ventas, técnicas ni estrategias. Es cierto que son necesarias y muy importantes para ayudar a mejorar el rendimiento de un vendedor, pero también creo que existen otras cualidades que tienes que reforzar porque es lo que te va a ayudar en gran medida a ejercer tu profesión con éxito, prestar un mejor servicio y crear clientes para toda la vida.

En el tiempo que llevo dedicándome a la profesión me he dado cuenta de que hay muchos vendedores con suficiente conocimiento sobre técnicas de ventas y muchos libros en los que puedes aprenderlas, pero pienso que todo esto no sirve de mucho sin un manejo adecuado de la mentalidad, los valores y las emociones, y quiero añadir algo más de vital importancia, que es la acción, la energía y la vitalidad hacia tus objetivos de vida, tanto en lo personal como en lo profesional.

Este es el motivo por el cual he decidido escribir este libro, enfocado a la mentalidad, los valores en las ventas, el crecimiento personal y la espiritualidad, algo que a mí me ha funcionado a la hora de obtener mejores resultados y, sobre todo, a sentirme mejor, disfrutando de la profesión y haciéndolo con pasión.

En este libro encontrarás contenidos que van más allá de las tendencias de ventas, fórmulas y contenidos que te ayudarán a realizarte como vendedor exitoso basadas en el amor, el servicio, el respeto al cliente y con una actitud positiva ante la vida. Debes de saber que tu actitud es la que va a definir tu altitud, no son tus títulos o conocimientos, es mucho más importante la actitud que tengas para enfrentar tus problemas y capacidad para lograr las cosas que todos esos títulos, diplomas y carreras universitarias. **¡OJO!**, no digo que no sean importantes ni necesarios, lo son y mucho, sobre todo para según qué oficios, no me iba a poner yo en manos de un cirujano sin conocimientos, ni tampoco quiero que te pongas tú... Pero también es cierto, y es algo que puedo verificar bajo mi propia experiencia (lo vuelvo a repetir porque quiero darle la importancia que se merece), que por muchos títulos o conocimientos que tengas, si no tienes una actitud positiva y **no sabes vender, estás malvendiendo**, no solo en tu área profesional, sino también en tu vida. Quiero que se te quede tatuado en la mente, y una de las maneras es a base de repetición, **la repetición es la madre de la retención**. Por eso si observas que a lo largo de este libro hay ciertas cosas que se repiten es por este motivo (son muy importantes). Todos tenemos un gran potencial dentro, TODOS, tengamos títulos o no, pero no todos valemos para lo mismo, cada persona es una pieza importante de este puzle llamado vida.

Lo mejor de tener una actitud positiva es saber que tu éxito personal y profesional lo defines tú, no tu pasado, ni la sociedad o tu entorno, tu familia, tus amigos, tus jefes... ¡no! Solo tú debes de hacerte cien por cien responsable de tu vida y de tus ventas. Solo así lograrás llegar a cumplir todos tus objetivos, tus propósitos, las metas que te propongas y, además, ser feliz. De otra manera, las posibilidades son inferiores, siempre puedes decidir escoger otras vías, incluso puede que haya vías más rápidas, pero debes de saber que estas pueden desviarte de un equilibrio en las tres áreas importantes de la vida: salud, dinero y amor.

¿Sabías que tu mente siempre va a ir en busca de la vía rápida?

¡Así es! La tendencia del ser humano suele ser cortoplacista porque a la mente no le importan ni tus objetivos, ni tus metas, ni tus éxitos... la mente solo busca ahorrar energía.

Ese ahorro de energía que busca tu mente a corto plazo te hará sentir bien, pero debes saber que quizás a largo plazo no te permitirá ser feliz porque no te permite crecer ni evolucionar, y no solo eso, sino que además puede que estés en los objetivos de los demás y no en los tuyos.

En este libro vas a ver cómo tú puedes trabajar en tu actitud para mejorar tu autoestima, tu amor propio, la confianza en ti, tu mentalidad y el poder personal para tener éxito en tu vida y en tus ventas. Tú eres el creador de tu vida, y para que tu vida y tus ventas vayan bien tu interior tiene que estar bien, así que voy a enseñarte a amarte, trabajar en ti, crecer, empoderarte, trabajar para dar el mejor servicio a tus clientes, tomar acción y salir a vender haciendo que las cosas pasen, porque tu vida y tus ventas son una extensión de lo que tú eres. Tú eres lo más importante, y la mejor manera de entregarles lo mejor a tus clientes es siendo tu mejor versión.

El primer paso para lograrlo es vender y trabajar en lo que te gusta.

Si Algo No Te Gusta De Tu Vida O De Tu Trabajo, ¡Muévete! No Eres Un Árbol.

Esta es la clave del éxito:

La actitud para desarrollar tus dones y habilidades. Todas las personas de éxito hacen esto, trabajan en lo que son buenas, haciéndolo cada vez mejor.

Así que no te conformes con solo ser un vendedor, **_DEBES SER UN VENDEDOR EXITOSO._**

Te voy a contar lo que ha funcionado para mí. Puedes estar en desacuerdo, lo entiendo, son tus creencias limitantes que no quieren deshacerse de una personalidad que han creado desde que eras niño, pero también te digo que muchas cosas de las que escribo las puedes encontrar en infinidad de canciones, libros y grandes maestros, tanto del mundo de las ventas, como filósofos, artistas, deportistas, grandes empresarios, millonarios y multimillonarios. Por eso, antes pruébalo, prueba a ver si te funciona y si te ayuda a hacer de tu vida y de tus ventas algo más fácil y mejor. Luego decide si quieres implementarlo de forma continua en tu vida. Si no te convence, no pasa nada, quizás no sea tu momento. Puedes olvidar todo lo que has leído, pero por lo menos ya lo habrás conocido y podrás volver a ponerlo en práctica siempre que quieras, lo creas conveniente o te sientas preparado.

Te aviso de que no es fácil, pero sí sencillo, ¡y lo mejor es que vale la alegría!

Para empezar, una de las cosas importantes que debes saber es que el ser humano tiene un don y un regalo único, su capacidad de aprender, soñar y recordar quién es. Pero también tiene un gran paralizador, y es la frase: "ESO YA LO SÉ". Estas palabras cierran una puerta que esconde posibilidades infinitas.

Te digo esto porque sé cómo funciona la mente, la que he bautizado como "LA ANTONIA". He vivido mucho tiempo dejándome controlar por mis pensamientos, por ello sé que la Antonia va a sabotear muchas de las cosas que te voy a contar con esta frase: "ESTO YA LO SÉ". Entre otras cosas, te pondrá excusas para no hacer los ejercicios que te propongo, e incluso no harás lo más difícil, que es poner en práctica todos los días lo que te voy a contar y hacer de ello más que un hábito, sino una forma de vida.

La Antonia no va a querer que la saques de su zona de confort, pero cuando esto te pase tienes que recordar que **el conocimiento sin acción es como entrenar para una maratón y luego no participar en la carrera final**. Estarás físicamente preparado en teoría, pero en la práctica nunca lo sabrás si no actúas. Ya conozco bastantes personas, pero cada vez son más con carreras universitarias, estudios, conocimientos, diplomas…, pero después no son capaces ni de venderse bien en una entrevista de trabajo, personas emprendedoras con grandes e interesantes proyectos que después no saben vender. Y siempre porque todos ellos caen en que "ESO YA LO SÉ", y es cierto en teoría, pero…

Tengo una pregunta para ti:

¿Si lo sabes, por qué no lo haces? Mi respuesta es:

Si no lo haces es porque no lo sabes.

Porque si supieras todos los beneficios y cambios que puedes llegar a manifestar en tu vida solamente con el hecho de dejar de decir "ESTO YA LO SÉ" y darte el permiso para realizarte y abrirte a nuevos conocimientos, ¿lo harías?

Puedes hacerte esta pregunta cuando esta frase venga a tu mente, y si eres honesto contigo mismo enseguida sabrás si realmente lo sabes o es La Antonia saboteándote.

ESTA SOY YO...
¡QUÉDATE CONMIGO, NOS VAMOS A ENTUSIASMAR!

Me llaman Carolina, actualmente me dedico al mundo de las ventas y me apasiona el crecimiento personal y espiritual. Me considero una mujer con muchas inquietudes emprendedoras, me gustan las inversiones y he sido empresaria en dos ocasiones. Todo esto es solo una identidad, he tenido y tendré muchos roles, pero al final solo sé que no sé nada ni seré nada, solo un alma encarnada en un cuerpo humano que ha venido a esta vida a aprender a AMAR.

Desde que era joven he tenido muy claros los valores, la educación y el respeto hacia las personas, y si algo me define es mi honestidad y humildad, pero esto no ha sido siempre un punto a mi favor (ESO PENSABA Y ME DESCOLOCABA), hasta que me pregunté:

"¿CÓMO PUEDO GESTIONAR ESTAS EMOCIONES Y OBTENER BENEFICIO DE ELLAS?".

Estaba convencida de que se podía y comencé a buscar, y cuando uno busca encuentra. No solo busqué, sino que experimenté. No fue fácil, pero cuando fui capaz de gestionarlas y entender cómo funciona la mente, las emociones y las leyes universales, mis posibilidades crecieron de forma inmediata, tanto a nivel personal como profesional.

Después de entender esto pasé de la EMOCIÓN A LA ACCIÓN, Y DE LA ACCIÓN AL AMOR.

¿Cómo?

<u>LA VIDA ME HIZO UN REGALO.</u>

He de contarte que yo no decidí ser vendedora, al menos conscientemente. La vida me hizo un regalo y me empujó a vender, ni siquiera me preguntó:

"¿Quieres trabajar vendiendo?".

No tenía más opción. Tras sufrir la peor traición de mi vida, caí en un pozo sin fondo, quedándome completamente bloqueada, sin saber dónde ir, qué hacer, perdida, sin identidad, sin trabajo, sin hogar, sin casa, ya que no podía pagar la hipoteca, pues tan solo me quedaban cuatro meses para cobrar del paro, y sin amistades porque dejé de confiar en las personas.

Eso sí, tenía conmigo a LOS FUENTES (mi familia). Gracias a la fuerza y valentía que he heredado de ellos, sus ejemplos y vivencias, sabía que todo iba a pasar, y de la mejor manera.

Digamos que de la noche a la mañana pasé de creer tenerlo todo a quedarme sin nada.

¿Cómo ocurrió?

Esa misma pregunta me hice yo…

Voy a trasladarte atrás en el tiempo, vamos a viajar a una época lejana, muy lejana, quizás ni siquiera habías nacido, tan lejana que tal vez ni existía el iPhone (claramente un año oscuro), je, je, je. Año 2012, "el año del cambio", según los mayas, aunque estos mayas no se equivocaron conmigo.

En esa época yo era una persona muy distinta, era una persona que siempre estaba en plan víctima de las circunstancias porque no entendía ciertas cosas que ocurrían en el mundo ni en mi propia vida. Tampoco entendía ciertos tipos de comportamientos de las personas humanas y esto me hizo convertirme en una persona bastante negativa, pero, aun así, había cumplido mi sueño (o más bien el que me impuso la sociedad, el entorno y mi familia).

Hacía un año que estaba felizmente casada y enamorada hasta las trancas. Por aquel entonces, yo trabajaba en una línea de producción fabricando circuitos electrónicos, y durante un periodo de tiempolo compaginaba con negocios propios destinados al comercio y que por falta de experiencia, compromiso e integridad no supe gestionar.

Con la crisis del 2008 en la fábrica redujeron plantilla y me despidieron tras llevar diez años trabajando en aquella empresa. Con la indemnización y al estar tan "felizmente casada y enamorada", decidimos dedicar mi tiempo a cuidar de mi bebé y del hogar.

Esta experiencia me llevó a entender algo que se me quedó grabado y que años más tarde leí en el libro *Mujer Millonaria* de Kim Kiyosaki. Decía algo así como:

"Hacer esto es una de las cosas tan tontas que a veces hacemos las mujeres, porque depender de un hombre, familia, compañía o gobierno es VENDER TU ALMA. El crimen es el precio que cobra nuestra autoestima, nuestra seguridad en nosotras mismas y el valor que nos otorgamos".

Había sido mamá, y una mañana, cuando mi hija tenía ya nueve meses, sonó el teléfono. Era un mensaje:

"Tu pareja te engaña, y lo peor de todo es que desde hace algo más de un año".

¡¡¡DIOS MÍO!!!

Y empecé a preguntarme: "¿Más de un año?".

No entendía nada… Me había casado hacía un año y mi bebé tenía nueve meses, así que un año atrás estaría embarazada. Además, mi pareja me estaba pidiendo otro hijo, según él estábamos felices, estaba tan ilusionada… Por fin tenía la familia que yo nunca había tenido, mis padres estaban separados y su relación había sido bastante tormentosa.

No me cuadraba nada, empecé a recopilar información, decepcionándome cada día, enterándome de cómo mi pareja se las ingeniaba para mentirme y poder mantenerme al margen de todo lo que estaba sucediendo. Conforme iba descubriendo, poco a poco iba cayendo en las profundidades de un pozo muy oscuro, hasta que…

LLEGUÉ AL FINAL DEL POZO.

<u>MI INSPIRACIÓN Y MI FUENTE DE ENERGÍA</u>

Recuerdo estar sentada en el sofá de casa, esa casa que había construido con tanto amor. De repente, miré a mi alrededor y todo era extraño y silencioso, observé a mi bebé de nueve meses, tan pequeñita, allí jugando. Se giró y mirándome con esos ojitos tan dulces e inocentes, pensé: "¿CÓMO HA PODIDO PASAR ESTO?".

Comencé a sentir ese extraño silencio y vacío también en mi interior, el cual me llevó a tomar la decisión más valiente y más generosa en beneficio de todos, con todo el amor que aún sentía por mi pareja, pero no podía seguir perdiendo mi dignidad, y a pesar de todos los desafíos que sabía que tenía por delante…

¡Me divorcié!

Mi hija es, fue y ha sido el motor de mi vida, en ella he encontrado un impulso, una inspiración, un aliento de vida, además es una vendedora nata, está claro que es mi reflejo… je, je. En muchas ocasiones me quedo observando todos los tipos de cierres que utiliza para conseguir algo, incluso si no lo consigue por el día cuando se acuesta lo pide a Dios, al Universo, y dice algo así:

"Por favor, Dios, quiero ser inteligente para portarme bien y así mi mamá me llevará a todos los sitios…" (escrito por ella misma).

Ella ya entiende el poder que tiene y que cuando quiere algo puede pedirlo y manifestarlo. En varias ocasiones ya ha manifestado milagros (entendiendo como milagro un suceso que está fuera de lo normal o de la mente racional). Es muy gracioso y bonito porque cuando se acerca la época de Navidad, por ejemplo, ella dice que no necesita escribir la carta a los Reyes Magos, que solo con pensarlo ya se lo traen, y además dice que en ocasiones no tiene que esperar ni a los Reyes, lo obtiene antes de tiempo. Y no es que se invente nada extraño, es que hemos podido experimentar momentos en los que ha pedido o pensado en algo y ¡TACHÁN! Lo encuentra o aparece en algún sitio… je, je.

Recuerdo un día que quería que compráramos un chupete de verdad para un bebé de juguete que tiene, yo le dije que el bebé ya tenía su chupete y no íbamos a comprarle otro teniendo ya uno, y menos de verdad.

Al cabo de unos veinte minutos paseando por la calle apareció un chupete con un colgante superbonito colgado en la ventana de una casa. ¡¡Fue una experiencia ESPECTACULAR!! Intentamos averiguar de quién era el chupete para devolverlo, pero ya sabrás lo que ocurrió… El chupete terminó en su muñeco, e imagínate la cara que se le puso de alegría y sorpresa cuando se le manifestó lo que había pedido.

Puedes llamarlo "casualidad", pero han sido tantas ocasiones las que hemos experimentado, y esta es solamente una de tantas que podría contarte. Lo importante es que ella ya ha tomado conciencia y ha conseguido entender el gran poder que tiene su mente, y sí es cierto que a veces le cuesta entenderlo, igual que nos pasa a nosotros, porque, además, en ocasiones no basta solo con pensarlo, también hay que actuar con decisión, esfuerzo, humildad y conciencia, así suceden los milagros.

Asimismo, también tiene muy desarrolladas, como cualquier niño, las habilidades básicas que se necesitan para vender. Como madre vendedora, intento potenciárselas, guiándola de la mejor manera para que aprenda a utilizarlas a su favor, aunque no es tarea fácil, je, je.

Un verano estando de *camping* me comentó que quería montar una tienda y vender. Mis primeros pensamientos fueron: "Qué vergüenza", "Qué van a pensar", "Qué va a vender", etc. Me pareció tan impactante el hecho de que yo tuviera esos pensamientos, sabiendo lo importante que es vender y aprender a vender, que después de pensarlo y tras su persistencia, que la caracteriza por no aceptar un "no" por respuesta a la primera, me pregunté:

"¿Por qué no sacarle partido a esta habilidad innata?".

¡Nos pusimos manos a la obra!

Montamos la tienda, y aunque no le hizo mucha falta la motivé a vender y fortalecer sus habilidades, aprender el valor de las cosas, sentirse autosuficiente y entender que saber vender es una herramienta más para lograr conseguir lo que se proponga, solo necesita esfuerzo y dedicación.

¿Quieres saber cuánto dinero ganó en una sola tarde?

La friolera de 20 euros, ¡tenía cola para vender!

Después de la jornada se sentía muy contenta y le hice tomar conciencia de que, si le parecía mucho el dinero que había ganado, este era en proporción al valor que ella había aportado, ayudando a los demás niños con las cosas que les había vendido.

Enseñarle a mi hija que puede ser su propia jefa, promover en casa los hábitos, el valor de vender y la importancia del dar y recibir, fue como dar un minicurso de ventas y negocios, es decir, criar una futura mente brillante.

Siento que el mundo necesita más niños reforzados en estas habilidades de ventas para poder tener en un futuro emprendedores vendiendo sus productos o servicios con valores.

¿No crees que sería maravilloso sembrar niños con la habilidad para vender desde el amor y el servicio y aportando sentido a lo que hacen desde el respeto?

Si tienes hijos o niños en la familia, te animo a que tomes conciencia de ello y que lo hagas, porque estarás dándole una buena preparación para su futuro.

El amor de una madre no conoce límites y yo he encontrado mi inspiración en ella. Mi hija ha sido el trampolín que me ha impulsado a superar cualquier obstáculo y ver que todo es posible si así lo decides. Por eso intento compartir todo con ella, incluso he querido escribir este párrafo con ella para hacerle partícipe y que vea, sepa y entienda que si ella quiere también puede escribir un libro, vender o cualquier otra cosa que se proponga.

En parte este libro es un legado para ella, para mis lectores, para los que están y para los que vendrán.

PODER ENCONTRAR LA INSPIRACIÓN EN MI HIJA ES UNO DE LOS GRANDES ALIMENTOS DE MI ALMA.

"CON AMOR, PARA MI HIJA"

Continuando con mi historia de desafío personal, recuerdo que, aun sabiendo lo que estaba pasando e incluso ya habiendo tomado las decisiones necesarias, aún pasaba el tiempo y continuaba despertándome cada día deseando que todo lo ocurrido fuera una pesadilla.

¿Y sabes qué? Que por muy extraño, fantasioso y surrealista que parezca, ¡así fue!… porque…

Nada Tiene Significado Excepto El Que Tu Le Das.

Parece de locos, ¿verdad?

No lo es, porque siempre hay dos maneras de ver las cosas, dos formas de afrontar aquello que nos pasa:

1. Poniendo el foco en lo negativo y limitándote en algo que no te va a permitir llegar hasta donde quieres.

2. Poniendo el foco en lo positivo, empoderarte e impulsarte a través de ese desafío para llegar a ser lo que tú quieras.

Siempre vas a tener libre albedrío, pero quiero que veas algo muy importante, y es que a lo que le prestas atención crece como la espuma y de una manera descomunal, es decir, que cuando pasas por alguna situación que denominas como mala y decides poner el foco en lo negativo, eso es lo que terminará siendo.

Por ejemplo, en el caso de las ventas, si tú dices "No quiero perder clientes", ¿puedes ver y tomar conciencia de cómo en esta frase estás prestando atención a algo totalmente contrario a lo que quieres?

Y te preguntarás: "¿Qué puedo hacer?".

¡La solución es más fácil de lo que crees!

Lo único que tienes que hacer es centrar tu atención en lo que realmente quieres. Es decir, GANAR CLIENTES, ni siquiera digas "QUIERO" porque el quiero proyecta necesidad, y debes de saber que tú no necesitas nada, porque ya lo eres TODO. Eres un SER divino que proviene de energía universal, y simplemente por el hecho de saber que lo eres todo lo CREAS.

¡SI LO CREES LO CREAS!

¿Entiendes?

Continúo con mi historia para que puedas conocerme mejor. Poquito a poco continué con mi vida, triste y enfadada con el mundo, pensando que me lo había arrebatado todo, pero había algo en mi interior que todavía continuaba conmigo: EL AMOR, LA FUERZA Y LA FE. El creer en estas tres fuerzas es lo que hizo transformar mi realidad.

Con esas tres emociones integradas en lo más profundo de mi SER, comencé a hacer cursos de formación y a buscar trabajo, algo complicado en el 2012, cuando nos encontrábamos en plena "crisis" económica según los expertos. Destaco esta palabra porque soy de las que piensan que toda crisis trae consigo nuevas experiencias, oportunidades y cambios, por lo que no lo voy a etiquetar como algo malo ni bueno, simplemente son experiencias por las que hay que pasar, estas suceden por y para algo.

Una mañana me animé y acompañé a mi madre a hacer sus compras. Ese día pasamos por la puerta de una empresa y me dijo:

"¿Por qué no entras, preguntas por el jefe y le cuentas un poco tu situación? Si necesita a alguien puede que te tenga en cuenta".

¡Yo!, que por aquel entonces me encontraba apagada y desilusionada con el mundo, tanto que no me atrevía ni a mirar a nadie a los ojos, ¿cómo iba a entrar en aquella empresa a decir algo?

Y en un instante de intuición divina, me vino como una especie de *flash*, era como una vocecita interior, una luz intensa que se mantuvo presente en mí un minisegundo, y escuché un susurro que me preguntó:

"Vamos a ver, Carolina, ¿qué es lo peor que te puede pasar?, ¿que te digan que no?".

Una negativa más no te va a crear ningún trauma después de cómo estás. Por lo tanto, hoy puedes elegir si quieres seguir con esta actitud negativa en plan víctima, pensando que la vida es muy injusta, que todo lo malo te pasa a ti, que tienes muy mala suerte, siempre intentando luchar contra todo y señalando a todos sin darte cuenta de que los otros tres dedos te están señalando a ti; o puedes cambiar de actitud, plantarte, aceptar la situación, decidir aprender de los errores, hacerte responsable y, sobre todo, ser feliz.

Y en ese instante me di cuenta de que toda mi vida me había estado haciendo la pregunta equivocada.

"¿Por qué a mí?" en lugar de "¿Para qué?".

Cambiando esta simple pregunta entendí que:

PARA TRANSFORMAR MI REALIDAD PRIMERO TENÍA QUE EMPEZAR POR MÍ.

Y eso hice.

Empecé por mí, quería entender, y el universo que siempre obedece a lo que pedimos me dejó mucho tiempo sola, sabiendo que en la soledad comenzarían a llegarme todas las respuestas.

La soledad al principio fue muy dolorosa porque fue impuesta, no la entendía, la veía superinjusta, tenía un profundo temor a ese silencio que por las noches me conectaba con todo el sufrimiento pasado que no quería volver a sentir. Pero todo fue perfecto cuando entendí que necesitaba esa soledad para quedarme conmigo misma, encontrarme, conocerme y aprender a amarme, buscar en mi interior, sentir todo aquello que tanto me hacía sufrir e ir quitándome capas de dolor y sufrimiento acumulado.

Pasar por esa situación me ayudó a descubrir que, en lugar de no sentir, lo que me iba a permitir sanar era justamente lo contrario de lo que me habían enseñado, el permitirme sentir e ir quitando capas y capas de dolor para volver a ser yo.

La soledad dejó de doler porque dejó de ser impuesta y pasó a ser una soledad elegida, entendida y respetada. Era justo el proceso por el que tenía que pasar, lo que necesitaba para así aprender a escucharme y reconocerme.

La soledad fue uno de mis primeros maestros y "cuando el alumno está preparado, aparece el maestro".

Quiero hacer hincapié en esta frase, ya que en el mundo espiritual no se refiere solo al maestro en persona, sino a tu guía interior, un maestro que se encarga de guiarte y enseñarte el camino de la paz y el amor, es decir, que el maestro aparece porque la disposición está en ti, la maestría está dentro, primero en ti.

Bajo mi punto de vista esta frase es la base de cualquier libro de crecimiento personal, y en este libro la trasladaré a las ventas para que puedas entenderla y trabajar mejor en esta área.

Para ello, a continuación vamos a examinar con cariño las cuatro palabras de este proverbio zen según Wayne Dyer.

"CUANDO EL ALUMNO ESTÁ PREPARADO APARECE EL MAESTRO".

ALUMNO. "Alumno" en este caso significa hacer espacio en tu interior para abrirte a un nuevo saber, dispuesto a aprender de todos, abrir el corazón para saber que cada persona que encuentras en el camino tiene algo que enseñarte y aprovechar al máximo lo que te ofrece.

Tú puedes ser un gran alumno y abrirte a aprender de las ventas, de tus clientes, de todos los sucesos del día a día, de las sincronicidades.

Una de las cosas que más me gusta de esta profesión es el hecho de poder estar en un continuo aprendizaje. Aprender es una clave importante para el éxito en las ventas y de ti depende el tipo de alumno que quieras ser en este sentido, es decir, que decidas y sientas si estás preparado.

"PREPARADO". significa dispuesto a saber que todo y todos pueden ser de algún modo tus maestros. Un buen alumno está ansioso por aprender de todo lo que puedan ofrecerle. Cada cosa, lugar o persona es una nueva oportunidad para crecer. Cuando estás preparado, estás dispuesto a descubrir a tu propio maestro personal.

En tus ventas tienes que estar dispuesto a desarrollar tus habilidades de manera continua para poder crecer, permanecer atento a todas las situaciones del día a día, observar cuánto puedes aprender del día.

Una buena opción es invertir parte de tu tiempo y dinero en adquirir el mayor conocimiento posible sobre ventas, desarrollo personal y profesional, lo que llenará tu mente de sabiduría, la cual aportará a tu vida más ventas y, como consecuencia, llenará tus bolsillos de dinero.

MAESTRO. El maestro es el vehículo por el cual tú aprendes, el maestro puede ser tu guía interior, gracias al que personas, situaciones, libros, artículos, accidentes, pensamientos, errores, fracasos, conferencias, niños, preguntas, respuestas..., te proporcionan la ayuda que necesitas para aprender y avanzar. El maestro está en todas partes, en cuanto estés dispuesto él te guiará en cada momento de tu vida. Solo tienes que mirar con ojos nuevos a tu alrededor y ver qué te están enseñando.

Tus clientes, competencia, compañeros, situaciones del día a día, los errores y las negativas pueden ser grandes maestros. Solo tienes que observarlos y entender qué es lo que te están reflejando o transmitiendo. Un gran maestro en esta área también puede ser alguna persona que ya esté donde a ti te gustaría llegar, sea como a ti te gustaría ser y tenga los resultados que te gustaría tener en ventas. Así que escoge a esa persona como maestro y sigue sus pasos.

Más adelante te hablaré de esto y verás cómo te puedes beneficiar de tus maestros.

APARECERÁ. El maestro aparece en todos los sitios, todo pasa por y para ti, es decir, tu vida no pasa porque sí. El universo tiene un propósito para ti, y cuando estés en tu propósito de vida adquirirás la capacidad para hacer milagros y reconocerás al maestro en todas partes.

Por lo tanto, si te apasiona vender, tu propósito de vida puede que sea la venta. Observa que, conforme más consciente seas de esto y vayas adentrándote en esta nueva aventura, aparecerán situaciones y sabrás interpretarlas dándoles un enfoque diferente. Esto permitirá que la venta te parezca mucho más divertida porque reconocerás y descifrarás en tus clientes los mensajes que tienen para ti.

Ahora bien, existe un punto muy importante, y es que para poder descifrar los mensajes debes de estar muy atento, sobre todo para no intentar "cargarte" al maestro. Esto es algo muy común y lo que significa es que, por ejemplo, cuando te encuentras en una situación donde un cliente te dice algo que no te gusta, no te compra o no te atiende como te gustaría, lo que habitualmente suelen hacer la mayoría de vendedores es juzgar la situación y no volver más.

Hacer esto no te va a permitir aprender ni crecer, por lo tanto, mi recomendación es que lo veas como una gran oportunidad para comprender lo que te está ofreciendo la situación, el mensaje que está detrás de todo aquello que está sucediendo. Cuando la situación ya no tenga nada que enseñarte, cambiará y hasta puede ser que el cliente te compre.

¿Te ha ocurrido alguna vez que hablas con un cliente y este te resulta muy antipático, serio, distante, y al cabo de un tiempo resulta que se convierte en un buen cliente?

El motivo puede ser este: de repente tú ya has sabido entender el mensaje, mirando más allá de lo que en el fondo este cliente te estaba transmitiendo. Una vez tomas consciencia, actúas de otra manera, y, al cambiar tú, el cliente comienza a cambiar también su actitud. Lo que ocurre es que nunca nos paramos a pensarlo y meditarlo para así poder dar lo mejor de nosotros y conectarnos con nuestros clientes a través del cora zón. Simplemente funcionamos en modo automático, pero ahora ya sabes que tu cliente puede ser un gran maestro para elevar tu aprendizaje y conciencia.

Continuando con mi historia personal, te diré que conforme todas las respuestas a las preguntas que me hacía iban llegando, pude experimentar y entender que "lo semejante atrae a lo semejante", y tomé conciencia de que las vibraciones que emitía estaban alineadas con la infidelidad, la inseguridad y los miedos. Mi frase favorita era: "Todos los hombres son iguales, todos son infieles, machistas, mentirosos, egoístas"… sin darme cuenta de que era yo misma la que atraía la infidelidad y las relaciones caóticas con mis programaciones mentales.

La ley de atracción siempre responde a tus vibraciones, y cuando tú tienes miedo de que algo suceda, en ese momento activas la vibración que atrae a tu vida justo lo que más temes. Es como cuando le tienes miedo a un perro.

¿Has observado que cuanto más le temes más se acerca? Siempre decimos la típica frase: "¡Parece que lo huela!". Los animales y las plantas son seres vivos muy sensibles a las energías, por eso el perro nota muy rápidamente la energía del miedo, cuanto más la siente más se acerca, pero no es que el perro lo haga para fastidiarte, eres tú que estás activando esa energía y lo estás atrayendo. Lo mismo con las plantas, responden a las personas y lugares con buena energía y amor mucho mejor que si las dejas en lugares de baja energía y vibración, donde es más fácil que se marchiten. Habrás oído hablar de personas que conversan y cantan a las plantas, esto hace que se mantengan frescas y hermosas. Observa asimismo cómo las hojas de un árbol cambian de color y caen dependiendo de cada estación, observa cómo vuelven a salir las hojas una y otra vez. El árbol pierde las hojas, pero no la energía, no teme perder sus hojas porque toda su energía procede de su interior.

Lo mismo ocurre con la vida de muchas personas que no saben que toda la energía procede del interior y no de las circunstancias externas. Y esto es lo que ocurría con mi vida, todo lo que me estaba sucediendo lo estaba creando yo, dejándome llevar por el exterior, a través de los pensamientos, la energía y la vibración que estaba emitiendo, todo ello formado por unas creencias que venían de más allá, creencias heredadas: carencia de amor por parte de mi padre y sufrimiento de la familia hacia los hombres del clan. En definitiva, que era yo misma la que me estaba complicando la vida por mi programación y desconocimiento.

Tras analizar todo esto, ver desde la plena conciencia cómo iban cambiando mis hojas y mirar en mi interior para saber quién era yo realmente y de dónde provenía toda mi programación para poder perdonar, porque solamente tenía que perdonar y agradecer (en primer lugar, a mí y a mi familia, después, a las relaciones caóticas y disfuncionales que me acompañaban desde la adolescencia y, por supuesto, a mi expareja, por ser mi despertador), entendí que él también tenía su programación y que tampoco supo hacerlo mejor.

Es necesario ser muy valiente y humilde para hacerte consciente de esto, porque es muy doloroso, pero a la vez sanador.

Para continuar con mi sanación física, mental y emocional subconsciente tuve que tomar consciencia de cuánto me había traicionado yo sola. Fue muy triste y desgarrador, sentí una gran decepción conmigo misma. Había sido mi peor enemiga durante mucho tiempo, el exterior solo me lo mostraba a través de mis relaciones. Así, por más que me creyera que era buena y defendiera la fidelidad, realmente estaba camuflando un miedo a la infidelidad que ni siquiera era mío, venía de otras generaciones. Fue muy potente observar y reconocer cómo mi subconsciente me hablaba de lo infiel que estaba siendo conmigo misma, pretendiendo ser diferente, aparentando algo que no era, ser otra versión de mí misma para encajar con los demás, anteponiéndolos siempre a ellos antes que a mí misma.

Después de integrar todo esto apareció otra emoción: LA CULPA, me sentía culpable por todo lo que había hecho conmigo misma. Empecé a pensar en todas las relaciones que había vivido y me sentía culpable por no haberlas sabido gestionar de otra manera.

Medité y conscientemente comencé a sentir todas las emociones. Sentí la traición, el miedo, la culpa, el dolor, la ira, la rabia, el odio, el ego, el rechazo, el orgullo… todo esto estaba dentro de mí. Lloré un mar de lágrimas, fue una rendición total, como morir para volver a renacer, hasta que las lágrimas fueron iluminando poco a poco mi camino conectándome de nuevo con el AMOR y mi verdadero SER.

Decidí perdonarme por las heridas que gratuitamente me había hecho yo sola a través de los demás, sentía como si todo el tiempo hubiera vivido encadenada, y poco a poco estas cadenas iban cayendo.

Lo que hice fue ir quitando capas de sufrimiento y dolor que a través de los años iba tapando, justo todo lo contrario a lo que me habían enseñado, que no era otra cosa que tapar y no sentir para no sufrir, entendiendo que de esta manera lo único que hacía era acumular todas esas emociones negativas, engañándome, poniéndome corazas y dejando de ser yo. Solo así comencé a amarme por encima de todo, reconocerme y conectar con quien SOY, y cambié la relación conmigo misma. Fue un gran cambio y el mejor acto de amor hacia mí, sentí la libertad, la paz interior, esa paz que me ayudó a entenderme más, a escucharme, a escuchar el silencio y amar mi soledad. A la vez el exterior fue armonizándose, sin esfuerzo.

Y una vez recuperada mi verdadera esencia… ¡me volví a casar!

Pero esta vez conmigo misma y con mis sueños, me prometí a mí misma serme fiel, amarme y respetarme por encima de todo, todos los días de mi vida.

Te puedo decir, amado lector, que me siento profundamente agradecida, y aunque en aquel momento para nada lo vi de esta manera, ahora sé que los desafíos en realidad son bendiciones disfrazadas. Detrás de cada desafío hay una GRAN BENDICIÓN ESCONDIDA, y aunque en el momento de pasar por él nos parezca una maldición injusta, en realidad es todo lo contrario. Por eso se dice que DIOS APRIETA, PERO NO AHOGA, es decir, que Dios, el universo, la fuente, la energía superior o como lo quieras llamar, nunca te va a poner ante un desafío que él sepa que no vas a poder soportar. Por lo tanto, después de mi experiencia puedo decirte que lo peor que me ha pasado ha terminado siendo lo mejor que me ha ocurrido, porque gracias a ello ahora soy la mujer que soy, una mujer libre, valiente, decidida, una vendedora empoderada, una mujer poderosa, plena y rebosante de amor hacia mí misma y hacia los demás.

Ahora sé que soy yo la dueña de mi vida y no las circunstancias externas, sé que yo soy la creadora de mi vida y que nadie más puede hacerlo porque solo yo puedo pensar y sentir por mí.

Al sentirme tan plena puedo saber que ahora es mi momento para expandir todo lo que yo soy y compartirlo con el mundo desde la comprensión, los valores, el respeto hacia todas las almas y el AMOR.

El amor es lo único que es real, todo lo demás son creencias y cosas impuestas por la sociedad, y aunque te cueste tomar conciencia de ello debes saber que conectar con EL AMOR es el único sentido que tiene la vida. Por ello todo lo que hagas, incluso vender, aunque te suene cursi, debes de hacerlo desde ese lugar, con ese sentido y propósito, DESDE EL AMOR.

No sé tu situación, amado lector, pero sí sé que todos pasamos por desafíos y que estos van a terminar afectándote, tanto a tu vida personal como profesional, pero hay una buena noticia, y es que tú también puedes y vas a superar cualquier desafío que tengas o se te presente, y lo mejor es que vas a aprender de ellos y los utilizarás para conseguir tus objetivos.

Debes saber que existe una fórmula para lograr salir de cualquier desafío reforzado y siendo mejor persona.

Se puede hacer aprendiendo a meditar, dejándote sentir para transmutar tu dolor y utilizarlo como impulso para conseguir tus resultados. Si consigues esto te puedo asegurar que no habrá nadie que te detenga.

No sirve de nada ser un buen vendedor y ganar dinero si después tu vida personal es un desastre. Debes aprender a vender para ser un vendedor exitoso, pero si no mantienes un equilibrio en las tres áreas importantes de la vida, SALUD, DINERO Y AMOR, no conseguirás nunca ser un vendedor feliz, UN VENDEDOR DE SONRISA ILUMINADA. ¿Y de qué te sirve vender mucho si después no eres feliz?

¿Quieres saber cómo hacerlo? Pues vamos a verlo...

APAGA EL INTERRUPTOR DE TU DESCONTORLADA MENTE.

Practica hoy la meditación. Este es el mensaje directo que, como has podido ver, quiero transmitir desde el primer momento a través de la portada del libro.

La práctica de la meditación es una de las cosas que a mí más me ha funcionado y me ha ayudado a llevar un equilibrio, tanto en mi vida personal como profesional. No soy una experta en meditación, por eso no te voy a hablar de técnicas ni de cómo practicarla, pero sí quiero compartir contigo una de mis meditaciones, que te ayudará a atraer clientes, ventas y éxito. Esta meditación te permitirá conectarte con la energía, la pasión, la felicidad y las emociones positivas que se sienten al cerrar buenos tratos, lo que hará que después puedas atraer ese tipo de situaciones, que te acercarán como si de un imán se tratara hacia el logro de tus objetivos.

Aquí te dejo el enlace para que puedas acceder a ella.

Carolina Rodrigo Fuentes

https://youtu.be/l2ZYlQjm3iA

Tampoco voy a profundizar mucho sobre este tema en este libro. Lo que quiero es dar una base para que puedas ir entendiendo la importancia de dirigirte siempre a la fuente, obtener y sentir sus beneficios.

Empieza a meditar desde lo más bajo, ve encaminándote hacia arriba y experimentarás un proceso de limpieza, purificación y claridad. Párate a observar con detenimiento cómo a través de la meditación los problemas pueden llegar a hacerse mucho más relativos y los contratiempos mucho más fáciles de llevar.

La práctica de la meditación es de vital importancia para un vendedor porque su día a día suele ser bastante estresante, muchas llamadas, visitas, *emails*, conversaciones, etc. La meditación te va a permitir obtener un equilibro entre cuerpo/alma/mente. A través de la meditación puedes lograr construir un castillo en tu interior con cimientos tan sólidos que nadie podrá hacerlo tambalear ni destruir.

Buscar una mejora continua de tu propia conciencia, aprender a desacelerar tu día, detener tu tiempo cuando lo necesites para pensar, reflexionar y meditar, te asegura que el resultado posterior sea de mayor claridad y calidad.

Es necesario que encuentres ese momento de quietud para meditar y reflexionar sobre lo que está ocurriendo en tu vida, en tus ventas, en tu interior.

Elevar tu corazón con profundo amor para hallar lo que está en lo profundo, meditar sobre las cosas que realmente importan, las que hacen realmente que tu vida sea la que es, que tú seas quien eres.

Durante el día pasas por muchos momentos y situaciones de estrés, mucho movimiento y energías que deben de ser canalizadas para que no permanezcan ancladas en ti, porque cuando bloqueas las emociones, las energías y los sucesos que no terminas de entender, estos se mantienen en ti causándote molestias y malestar.

Piensa en esto, cuando acumulas mucha tensión, ¿no es cierto que te empiezan a doler las cervicales?

Puedes matar el dolor y tapar las emociones, acudir al masajista o tomarte un medicamento, pero lo único que estarás haciendo es no escuchar el mensaje que te está mandando tu cuerpo. Esto es lo que suelen hacer la mayoría de personas, es un remedio rápido para no sentir el dolor.

Imagínate que viene un mensajero a tu casa a entregarte una carta y al abrirla y leerla ves que su contenido y lo que está escrito no te gusta, y como no te gusta comienzas a darle una paliza al mensajero.

¿Qué culpa tiene el mensajero de lo que pone en la carta? Ninguna, ¿verdad?

Pues lo mismo haces con tu cuerpo si lo bombardeas a medicamentos cuando lo único que pretende es informarte de que algo no lo estás haciendo bien, y lo peor de todo es que la mayoría de personas no lo escuchan, directamente lo callan a base de medicamentos, y, al hacer esto, en el interior la emoción del dolor se queda anclada formando capas y capas de sufrimiento.

Los tiempos de quietud y meditación son regalos para el alma, son esenciales y constituyen la misma médula de la vida.

No importa lo ocupado que tengas el día. Tú eres lo más importante, meditar es tomarte un tiempo para ti, es amarte.

Ámate, Ama Tu Vida, Ama Tus Ventas.

Para finalizar con mi historia de superación, me lancé a la piscina, sabía que ya había tocado fondo, con lo cual ya no podía ahogarme. No sabía cómo lo iba a lograr y comencé por confiar en mí y tener FE.

Con una gran sonrisa entré en aquella empresa, esa que mi madre me había recomendado.

¿Quieres saber qué pasó?

A la semana siguiente me llamó mi prima y me dijo:

—Carol, me están llamando para trabajar en una empresa, pero a mí no me interesa ese puesto en este momento, les he dado tu contacto. ¡Llámales!

Le pregunté:

—¿De qué se trata?

Como si pudiera elegir en la situación que estaba y con la que estaba cayendo.

Mi sorpresa fue cuando me dijo:

—…de vender.

—¡NO! —contesté inmediatamente.

"No quiero engañar a las personas, reconozco ese dolor y no quiero que nadie pase por ahí", me decía mi mente.

¡Claro! El mejor vendedor del mundo lo había tenido en casa.

Mi ex era un gran vendedor, profesional de los pies a la cabeza, y como gran vendedor se vendía de PM, aunque bajo mi punto de vista le faltaban VALORES.

Como he comentado antes, en aquella etapa no estaba para elegir trabajo, además, ya había decidido que iba a confiar en mí y que jamás me iba a poner más barreras, así que sin pensármelo más veces llamé por teléfono a la empresa que mi prima me había recomendado. Dos horas después, allí me encontré haciendo una entrevista para vendedora.

LLEGÓ EL SALTO CUÁNTICO

DEFINICIÓN DE SALTO CUÁNTICO.

Un salto cuántico es una frase que se utiliza para referirse a un crecimiento fuera de toda proporción con respecto a lo que anteriormente venía sucediendo.

Querido lector:

¿Alguna vez has sentido que le dabas muchas vueltas en la cabeza a un problema y, de repente, sin saber cómo, pasa algo que inmediatamente da paso a todas las respuestas?

Algo parecido es lo que sentí cuando entré en esa empresa y vi a aquellos dos hombres (los que iban a ser mis jefes). Sentí que estaba en el lugar adecuado y en el momento justo, fue como ver que las piezas de un puzle iban encajando a la perfección.

Y no solo esto, sino que, como la vida es tan sabia, esta me puso otro reto, como una especie de prueba para ver si de verdad yo era la pieza que encajaba en ese puzle.

¿Te acuerdas de la otra empresa que me recomendó mi madre, en la que entré preguntando por el jefe?

Pues nada más salir de esta entrevista me llamaron también para trabajar allí.

Resumiendo, en 2012, cuando encontrar trabajo estaba tan complicado porque nos encontrábamos en plena época de recesión y las empresas en lugar de contratar a gente más bien tenían que despedir, de repente ocurrió el MILAGRO, me encontré ante la situación de poder elegir entre dos trabajos.

En ese momento no entendía muy bien por qué, y pensaba que no tenía sentido lo que iba a hacer, pero me dejé llevar por mi sexto sentido y decidí ser VENDEDORA, y vendiendo comencé a confiar en mí. Vendiendo comencé a confiar en las personas. Vendiendo empecé a ser feliz. Vendiendo conocí a personas maravillosas. Vendiendo hice feliz a mi hija. Vendiendo recuperé mi hogar. Vendiendo soy una mujer nueva y me siento realizada. Vendiendo me empoderé. Vendiendo volví a darle valor y servicio a las personas. Vendiendo superé el miedo al rechazo y al fracaso. Vendiendo encontré agua limpia y clara de aquel pozo tan oscuro en el que me hallaba.

La vida me hizo un regalo, lo abrí y comprendí por qué y para qué tenía que vender, para reparar aquella historia que me había dejado hundida, para ser mi mejor versión, sacar lo mejor de mí, aprender a ver el agua clara, limpia y cristalina que había en aquel pozo y saber que provenía de mí. Solo tenía que tomarme el tiempo para buscarla, encontrarla y sacarla al exterior para ayudar y poder ofrecerla, dar de beber a mis clientes y dejar un mundo mejor a través de las ventas, ayudando a los demás y haciendo lo que amo.

¡Puedo decir que las ventas cambiaron mi vida! Pero mi verdadera transformación vino a través del desarrollo personal y los libros, especialmente cuando apareció en mis manos el libro *LA VOZ DE TU ALMA*. Digo "apareció" porque a partir de entonces todo en mi vida comenzó a aparecer, como por arte de magia. Conforme iba leyendo me iba transformando yo y mi realidad, toda mi vida empezó a tener sentido. Me empezaron a suceder cosas maravillosas, sincronicidades, manifestaciones y respuestas a las preguntas que tanto tiempo había buscado, auténticos milagros, etc.

Recuerdo que una tarde, mientras leía el libro, me llamó un amigo para ir a cenar a una fiesta que había organizado. Estaba tan tranquila leyendo que no me apetecía, pero después de insistir accedí. Recuerdo estar leyendo en ese momento una parte del libro donde LAIN comenta la importancia de tener un mentor (un mentor es un consejero o guía que está detrás del éxito de grandes profesionales que han triunfado en los negocios, deportes, estudios, etc. Un mentor proporciona conocimiento, experiencias y una gran sonrisa a todo aquel que quiera aprender de él a través de su experiencia). Cuando leí que tenía que buscarme un mentor, se me cayó el mundo encima, conseguir un mentor no es tarea fácil, habitualmente no suelen estar en nuestro entorno.

Con esto en mi mente, decidí salir un ratito, y en esa cena, esa misma noche, apareció mi maestro. Cuando me dijo que presidía una organización llamada DESATA TU POTENCIA y que su misión era la de ayudar a que la gente aprendiera a ser feliz, en aquel momento tomé la decisión de que iba a SER FELIZ, UNA VENDEDORA DE SONRISA ILUMINADA, y se convirtió en uno de mis mentores en esta área. Luego, a lo largo del camino, he ido encontrando otros mentores con los que he trabajado en distintas áreas.

Lo que quiero que veas y comprendas a través de toda mi historia es que nunca pierdas la FE porque **un "NO" es solo el principio de un "SÍ"**, solo se trata de hacer tu parte con confianza y fe, porque cuando tú haces tu parte el universo hace la suya. Es importante y debes tener maestros, pero el primer paso tiene que ser tuyo, tú tienes que decidir ser feliz o lo que quieras lograr en tu vida, pero solo tu ALMA conoce la respuesta que está dentro de ti.

Tú puedes decidir ser un vendedor feliz, es más, te mereces ser un vendedor feliz, pero tienes que saber que las ventas no te van a dar la felicidad, no depende de ellas, depende de ti. Tú tienes que determinar ser feliz en cada momento y en cada situación de tu vida.

Soy de las que piensan, no solo porque es una ley (la ley de la atracción), sino porque he podido comprobar bajo mi propia experiencia que las cosas no suceden por casualidad, sino por **causalidad**. Es decir, todo cuanto nos pasa (EFECTO) tiene un origen (CAUSA). No existe la casualidad en el universo. **Nuestros propios pensamientos son energía pura, cualquier pensamiento que tengas, hayas tenido o vayas a tener es creador.**

Los pensamientos son una de las fuentes de más alta vibración. En el universo todo está en constante movimiento, todo vibra, todo se mueve, nada permanece inactivo, todo es energía, cada pensamiento es energía en vibración a la que le estás prestando enfoque. Esa energía se ve afectada por tus pensamientos y emociones, atrayendo hacia ti un tipo de energía semejante (EFECTO). La energía de tus pensamientos nunca muere, simplemente abandona tu ser y se dirige al universo, expandiéndose por siempre, lo que quiere decir que **un pensamiento es para siempre**. Por lo tanto, todo lo que tienes en la vida lo has atraído tú con un nivel de energía, incluso tu profesión.

¡Sí! Has leído bien

La profesión a la que te estás dedicando no es por casualidad, ha llegado a ti por algún motivo, en algún momento has pensado en ella o simplemente ha llegado a ti por alguna misión, es decir, que algo te está enseñando o tú estás aportando algo al mundo con tu profesión.

Analizar el significado de tu profesión puede servirte para entender si aquello a lo que te estás dedicando tiene sentido para ti o, por el contrario, puede que no estés disfrutando de la actividad que realizas.

¡Tu misión ahora es descubrirlo!

¿Quieres?

Ya que vas a tener que dedicarte a algo, por lo menos toma consciencia de por qué lo haces.

Para ello, VAMOS A HACER UN EJERCICIO.

Este ejercicio te puede ayudar a conocerte mejor a ti mismo y ser consciente de que las decisiones que tomas siempre están influenciadas en gran parte por nuestro inconsciente, la información, los programas heredados o la sociedad.

Utiliza esta información para hacerlo desde tu propia voluntad, es decir, sintiéndote realizado dedicándote a la profesión que te apasiona.

Coge papel y boli y anota qué simboliza para ti tu profesión.

Mi ejemplo:

Ser vendedora profesional simboliza para mí:

- SER UNA PERSONA TRABAJADORA Y PERSISTENTE.

- SOCIABLE.

- VOCACIÓN DE SERVICIO.

- INDEPENDIENTE, DUEÑA DE MI TIEMPO.

- DECIDIDA.

Podría poner muchas más, pero he puesto las que para mí son más importantes.

Ahora anota las tuyas.

____

____

____

¿Por qué piensas que atrajiste esta profesión?

Mi ejemplo ya lo has leído antes, pero te lo vuelvo a repetir para que puedas entenderlo mejor y trasladarlo a tu propia historia.

A través de las ventas comencé a confiar en mí. Vendiendo comencé a confiar en las personas. Vendiendo empecé a ser feliz. Vendiendo conocí a personas maravillosas. Vendiendo hice feliz a mi hija. Vendiendo recuperé mi hogar. Vendiendo me empoderé. Vendiendo volví a darle valor y servicio a las personas. Vendiendo superé el miedo al rechazo y al fracaso. Comprendí entonces que tenía que vender para reparar aquella historia que me había dejado hundida, para ser mi mejor versión, para sacar lo mejor de mí y aprender a ver que el agua clara, limpia y cristalina que había en aquel pozo provenía de mí, solo tenía que tomarme el tiempo para buscarla, y, al encontrarla, sacarla para ayudar, dar de beber a mis clientes y dejar un mundo mejor a través de las ventas, ayudando a los demás y haciendo lo que amo.

Ahora, escribe por qué motivo crees que te estás dedicando a tu profesión.

____

____

____

____

____

¿Lo tienes?

Si pudieses elegir una profesión, ¿cuál elegirías?

Elige una.

Mi ejemplo:

Seguiría siendo vendedora.

____

Por último, anota tres características de esta profesión. Mi ejemplo: les llamo las tres A de un vendedor.

- APRENDER

- AYUDAR
- AMAR

Ahora anota las tuyas.

____

____

____

¡¡¡MUY BIEEEEEEN!!!

Cuando eliges una profesión, estás eligiendo algo de ti mismo, algo que te identifica, algo que a nivel inconsciente sientes que es un reflejo de ti, y las tres características que has descrito no son de la profesión, sino que son tuyas, están en ti.

¿Quieres saber por qué?

Porque si preguntas a otras personas sobre esa profesión, cada persona tendrá unas características definidas, y puede ser que no coincidan con las tuyas. Sin embargo, tú has elegido unas características concretas de esta profesión porque te sientes identificado con ellas.

Las profesiones simbolizan cómo somos. Si estás en equilibrio con lo que simboliza para ti tu profesión, si tu profesión está acorde con tus valores, significa que estás en tu propósito de vida. Si estás desempeñando una determinada profesión vocacional, es decir, que la has elegido de forma consciente, en este caso estás utilizando tu profesión de forma positiva, estás en tu propósito haciendo algo que se te da bien, te sientes realizado, y esto te facilita el obtener los ingresos que necesitas.

Pero cuando la profesión no te llena, te resulta muy difícil desarrollarla, te fatiga, supone un peso para ti levantarte todos los días para ir a trabajar, no consigues los ingresos necesarios o sientes que estás realizando la profesión por fidelidad familiar y tampoco te sientes bien con ello, simplemente lo haces porque es lo que tus padres esperaban de ti. Si este es tu caso, sería interesante que investigaras en tu historia familiar para ver qué programas estás tratando de reparar con tu profesión.

Lo que quiero decir es que tomes consciencia de para qué has elegido una determinada profesión. Cuando uno toma consciencia de esto, puede empezar a decidir de una forma más libre si quiere desarrollar esa profesión porque realmente le gusta, lo está haciendo por fidelidad familiar o trata de resolver alguna historia del clan.

Puede ocurrir que al tomar conciencia empieces a notar que aquello que no funcionaba y te resultaba complicado desarrollarlo empieza a surgir de una forma más fácil, porque, cuando tú entiendes el significado por el cual te estás dedicando a algo, empiezas a mirarlo desde otra perspectiva. Pero para esto hay que tomar consciencia e investigar, liberarlas de alguna manera inconsciente y empezar a hacerlas conscientes.

Sabiendo esto, te invito, amado lector, a vender, porque es una profesión maravillosa, no es necesario que pases por nada de lo que yo pasé para darte cuenta de lo importante que es vender para tu propia evolución y la del planeta. Haz de esta profesión tu pasión, porque la vida se puede transformar cuando la miras desde un prisma distinto. Párate a pensar lo que puedes aportar vendiendo, lo que puedes aprender de esta profesión y crecer.

Convirtamos el mundo de las ventas en una profesión en la que podemos ayudarnos y contribuir en dejar un mundo mejor porque vendiste en él.

¿Te imaginas que nos ayudáramos los unos a los otros a través de las ventas, aumentando la consciencia, aportando el máximo valor en tus productos, prestando un mejor servicio y creando clientes para toda la vida?

Imagínate ahora que vas andando con tu hijo, te cruzas con un cliente, se pone muy contento de verte, te saluda con una gran sonrisa, agradecido por aquel producto que le vendiste, y se despide de ti con un gran abrazo.

¿Te das cuenta del ejemplo que le estarás dando a tu hijo?

Estarás enseñándole la importancia de vender con valores, porque independientemente de que tu hijo tenga una carrera, una profesión o un negocio, si no sabe venderlo está vendido, tú puedes mostrarle el camino.

Esta es mi misión, querido lector, quiero crear un impacto positivo en esta industria y no lo puedo hacer sola. Por favor, si crees que este libro puede ayudar a más personas o vendedores y pueden beneficiarse...

¡Recomiéndalo!

Me haría muy feliz poder compartirlo con todos los vendedores del mundo.

¡VAMOS A HACER DE LAS VENTAS ALGO MÁS GRANDE!

¿ME AYUDAS? GRACIAS INFINITAS.

JUNTOS SIEMPRE SEREMOS MEJORES.

Es probable que te sientas identificado en algún momento de la historia, quizás la vida también te hizo el regalo de ser vendedor, pero, si no disfrutas vendiendo y no lo haces por vocación, puede ser un problema para ti, para el cliente y para la profesión. Sé que hay muchas personas que se dedican a la venta porque es accesible y creen que es algo fácil, pero cuando se dan cuenta de la realidad, el esfuerzo, la dedicación y la constancia que requiere, terminan malvendiendo y provocando efectos negativos sobre los vendedores que realmente aman y disfrutan de la profesión.

Te pido, por favor, ¡que no hagas esto!

• En primer lugar, por ti, porque te mereces disfrutar de una profesión que realmente te apasione, y te animo a que descubras cuál es.

• En segundo lugar, porque tampoco es justo para los clientes y las personas que depositan toda la confianza en ti, ¿no crees que por el simple hecho de haber confiado en ti se merecen lo mejor?

• En tercer lugar, por la profesión. ¡Ya está bien de no valorarla como lo que es! ¡Una de las profesiones más importantes y antiguas de la historia!

Puedes seguir vendiendo, pero no porque te vaya a dar algo para vivir, incluso puede que te pase como a mí y comiences a vender y realizar esta profesión por necesidad. En ese caso, mi consejo es que SIEMPRE, SIEMPRE, SIEMPRE antepongas los VALORES por encima de las necesidades, y solo así conseguirás hacer que la venta se convierta en tu pasión y disfrutarás de esta maravillosa profesión. Te aseguro que, si consigues llegar a este punto de nivel de conciencia en las ventas, no tendrás que trabajar ni un solo día de tu vida, porque:

VENDER SE CONVERTIRÁ EN UNA PRIORIDAD PARA TI.

¡¡¡FELICIDADES!!!

Voy a ayudarte a venderte, a vender desde el amor y respeto hacia tus clientes y a conseguir todo lo que te propongas en todos los niveles de tu vida, en los negocios, con los clientes, en las relaciones y con tus hijos.

Así es, amado lector, porque si te haces un experto en esta área no habrá persona que te diga que no.

Continuemos.

CAPÍTULO 2
EL INICIO DE LAS VENTAS.

¿Sabías que las ventas es la profesión más antigua de todos los tiempos?

Las ventas es uno de los oficios más antiguos de la historia. Desde la época de Jesús ya existían las ventas, de hecho, Jesús era un gran vendedor. Cuando predicaba sus mensajes, lo que realmente hacía era intercambiar sus ideas al pueblo, es decir, las vendía con el propósito de crear conciencia, paz y amor entre los allí presentes. Por aquella época ya existía el comercio, existía el trueque. Intercambiaban una mercancía por otra y el que tuviera mayor capacidad de intercambio, mayor capacidad de darle valor a su producto y mayores herramientas de negociación es al que mejor le iba.

Es cierto que hoy en día podemos comprar y vender desde un ordenador casi todas las cosas, pero hace siete mil años más o menos cazábamos para poder comer. Al nacer la agricultura, la población comenzó a crecer, los pequeños grupos de población se expandieron más y más, y con ello el acceso de recursos y las necesidades de unos con otros dio paso al trueque.

Para el siglo VII a. C. aparecieron las primeras monedas.

Más tarde, del siglo V al XV, se originó el feudalismo, se crearon trabajos más especializados, la división de trabajo, y llegó la Revolución Industrial en el siglo XVIII.

Tras la Primera Guerra Mundial, la Gran Depresión (1930), la Segunda Guerra Mundial y la era de las ventas del siglo XX, se da el nacimiento de las "VENTAS PRESIÓN", es decir, el vendedor debe tener técnicas de:

* Prospección.

* Presentación.

* Negociación.

* Cierre y manejo de objeciones.

* Persuasión.

Siguió la era de la mercadotecnia (1965-1995) y la era de la información (1995), hasta...

Cuando hablamos de la historia de las ventas podemos decir que algunos millonarios crecieron y se formaron gracias a desarrollar grandes habilidades de venta y negociación.

Por ejemplo:

*Howard Schultz es el presidente actual de la gran compañía de café Starbucks. ¿Sabías que llegó a vender su sangre para conseguir dinero y poder pagarse los estudios? Gracias a ello, años más tarde terminó trabajando en los puestos más bajos de la compañía Starbucks, hasta que poco a poco ascendió a su actual posición de presidente ejecutivo de las famosas cafeterías más grandes del mundo.

*J. K. Rowling es conocida en el mundo entero por ser la escritora de una de las sagas más famosas de la literatura: *Harry Potter*. Vendió su libro a una editorial, creó un imperio de mil millones de dólares y una colección de libros que siempre serán recordados a lo largo de los años.

*Amancio Ortega, fundador de una de las cadenas de tiendas de ropa más conocidas, Inditex, y de la más conocida del grupo: Zara. Gran parte de su estrategia en esta industria ha sido, además de vender productos textiles, ser también el fabricante y distribuidor de los mismos.

Teniendo en cuenta estas minihistorias de superación personal y profesional de estos grandes líderes, cuando quieras conseguir algo o quieras comprar algo y te parezca caro o imposible, piensa:

"¿Cuánto tengo que vender para llegar a conseguirlo o comprarlo?".

Emprendedor Que No Vende, Está Vendido.

Sin embargo, hay algo que me resulta verdaderamente curioso y es que, si las ventas son tan importantes para nuestra vida, ¿cómo es posible que hoy en día no exista ninguna universidad, ningún sistema de educación pública, ninguna carrera, ni tan siquiera ninguna asignatura, que avale o que respalde la información sobre este tema?

La profesión del vendedor no se respeta como se merece, pero hoy en día no hay empresa que subsista sin un vendedor o personal de ventas, no hay persona que llegue a tener éxito sin vender.

> ### "La Mente Es Igual Que Un Paracaídas, Solo Funciona Si Se Abre".
>
> _Albert Einstein_

ABRE TU MENTE

Te pido un favor: abre tu mente y tu corazón.

Confía en el proceso, tienes que aprender a dominar tus pensamientos, sentimientos y acciones si deseas ser más efectivo. La cita descrita arriba es totalmente cierta, y lo peor de todo es que la mayoría de personas solo están dispuestas a abrir el paracaídas cuando ya no les queda más remedio, cuando todo va mal y se sienten perdidas. Solo entonces es cuando algunos, no todos, deciden que quizás en la vida existen más opciones, no solo las que venían pensando y repitiendo durante toda la vida. Y no es que no lo sepan, la información está al alcance de todos, es porque están cómodos, se han acostumbrado a vender, ganar lo justo, vivir con lo justo, incluso existen personas que hablando en términos de salud se crean su propio dolor hasta llegar al punto de sentirse cómodas con el dolor. Seguro que conoces a alguien cercano o has podido observar este tipo de conductas en alguna persona. Son personas que todos los días se están quejando, y si no les duele nada se lo inventan, sus quejas y dolores se han convertido en un hábito de vida. Es muy duro, pero es real y ocurre, porque es una manera para captar la atención, sentirse amados y valorados por alguien.

Te voy a contar una historia que me enamoró porque a través de ella pude entender mejor el poder del VALOR QUE NOS OTORGAMOS.

EL VENDEDOR DE BOLÍGRAFOS

En un pueblo lejano se encontraba un vendedor de bolígrafos que estaba buscando fortuna para poder llevar un poco de dinero a su hogar. Ya había recorrido muchos pueblos para poder vender los bolígrafos, pero no había tenido mucha suerte. Muchas ideas llegaban a su mente, solo se podía repetir: "¡Qué mal! Parece que este será otro día en el que no podré vender nada". Y también pensaba: "¡Ya es la quinta vez que cambio de producto y mi suerte sigue igual! ¡Ya no sé qué más hacer! Creo que no nací para esto, como me decían todos en mi casa, y al parecer tenían razón". Y así se le iba la cabeza en pensamientos como estos que solo hacían que su energía fuera cada vez menor. Cuando tocaba una puerta, se acercaba a una persona o trataba de llamar la atención de un grupo de personas que estaban en alguna plaza o calle, les respondían muchas cosas, ya se las sabía casi de memoria.

"Sus bolígrafos son muy caros".

"Esos bolígrafos parecen poco fiables".

"¿Y para qué quiero yo un bolígrafo si apenas sé leer y escribir?".

Y muchas otras cosas más que ya prácticamente carecían de sentido y lógica. Y así pasaban los días y el vendedor no conseguía vender nada.

Un día se dispuso a tomar un descanso en el banco de una plaza, bajo la sombra del árbol más grande que pudo encontrar. Se moría de hambre y sed, pero como no había podido vender nada no le quedaba más que aguantar la tremenda hambre y sed que le atormentaban, y así se quedó, disfrutando del cobijo del gran árbol, que era lo único que le daba algo de calma en ese momento.

—¡Vaya! ¡Qué calor! —de repente oyó.

Al mirar a su izquierda vio a un joven que apenas rozaba los veinte años, era de complexión delgada y con una sonrisa que parecía que la malicia y las malas intenciones nunca hubieran pasado por su vida.

—Así parece —respondió el vendedor.

—¿Le puedo contar algo? Y antes de que me tome por algún loco o algo parecido, le digo esto porque realmente necesito hablar con alguien, y como usted y yo no nos conocemos y tal vez nunca volvamos a vernos por eso siento que no me juzgará y puedo hablar con usted con toda tranquilidad.

El vendedor se puso algo inquieto y confundido, pero el joven inspiraba demasiada confianza como para negarle su petición.

—¡Claro! Dime.

—Pues, aunque está haciendo mucho calor, siento escalofríos y creo que me estoy congelando.

—¿Y eso por qué? —dijo el vendedor.

—Porque estoy en camino de encontrarme con la única chica que ha sido la mujer que he amado desde que puedo recordar, aunque me digan que soy muy joven para quedarme con la primera mujer en la que me fijo. Siento que ella será mi compañera de vida, además, sé que a ella yo también le gusto y no le soy indiferente.

—Pues, ¡FELICIDADES! Muchas veces es muy complicado fijarse en alguien que también te corresponda —le respondió el vendedor.

—No me felicite aún, el problema es que, a pesar de que ambos nos gustamos mucho, nadie se anima a dar el primer paso, y es que ambos somos un tanto vergonzosos para estas cosas. Por eso hoy quedamos en vernos e ir a tomar un helado, y tiene que ser hoy el día en que pueda decirle lo que siento, porque, si no es así, mañana se irá de viaje y no volverá en bastante tiempo. Ya me dijo que, si no hay nada que la ate a este pueblo, no tiene por qué quedarse, esa fue la indirecta más directa que he recibido en toda mi vida. Sé que quiero que se quede, pero no sé cómo decírselo.

Luego el joven puso el rostro entre sus manos y lo apoyó entre sus piernas como signo de gran frustración y desesperación.

El vendedor se puso muy pensativo y algo triste por el joven. En ese momento le llegó una idea como un relámpago, sacó una hoja de papel y uno de sus bolígrafos y se los entregó al joven.

—¿Qué es esto? —dijo el joven.

—Si te es tan difícil decirle lo que sientes por ella y que no quieres que se vaya, ¿por qué no le escribes una carta para que la lea y sepa por fin lo que sientes?

Al joven se le iluminó la cara, no se le había ocurrido nada así.

—Tiene mucha razón, señor, puedo escribir ahora mismo lo que siento por ella y se la entrego cuando la vea, y así no estaré tan nervioso cuando la vea ni me quedaré sin habla.

»¡MUCHAS GRACIAS! ¿Cuánto le debo por el papel y el bolígrafo?

—No es nada, más bien te deseo lo mejor del mundo y que esa chica y tú seáis muy felices.

—¡MUCHAS GRACIAS! Me voy a escribir la carta, no sabe cómo se lo agradezco. Que le vaya muy bien todo.

Y el joven se levantó repitiéndose para sí mismo lo que iba a escribir.

El vendedor se sintió muy feliz porque por lo menos había hecho un gran favor a alguien, aunque no había podido vender ni siquiera ese bolígrafo porque simplemente sintió que no era lo correcto ni lo necesario. Pero justo en ese momento tuvo un pensamiento que nunca le había venido a la mente: vio que siempre había ofrecido sus bolígrafos diciendo que eran lo mejor de lo mejor y que eran de gran calidad, e incluso muy elegantes y prácticos para regalar, pero se dio cuenta de algo. El verdadero valor que tenía un bolígrafo no era simplemente rayar o hacer garabatos, era un elemento poderoso que le daba la fuerza a una persona de crear increíbles historias, escribir hermosos poemas, realizar preciosos e inmortales dibujos y para prácticamente todo lo que pueda querer la infinita imaginación humana. Se dio cuenta de que, incluso cuando tenía que vender las anteriores mercancías que tenía, nunca había intentado demostrar lo que realmente se podía hacer con ellas, simplemente se limitaba a mostrarlas esperando que alguien las comprara. Entonces en ese momento se puso de pie y se puso a hablar de nuevo, como tantas otras veces lo había hecho, pero esta vez con un ánimo y una convicción que nunca antes había sentido.

—¡Señor, señora! Lo que les presento aquí no es algo común, es una verdadera varita mágica que puede hacer que sus más grandes deseos y sueños sean conocidos por otros. Es tal vez el elemento más poderoso que el ser humano podrá tener en sus manos, es un boleto hacia un viaje interminable de su imaginación.

Ahora dime.

¿Cómo ves tu vida y todo lo que en ella está?

¿Cómo reaccionas ante todo lo que sucede cada día, ya sea que lo esperes o no?

¿Qué importancia le das a un simple bolígrafo en el suelo?

¿Puedes ver cómo las cosas que te rodean son algo más que un simple bolígrafo?

¿Te das a ti mismo el valor que te mereces?

¿Crees que puedes ser y hacer mucho más?

Recuerda que todas las cosas pueden tener un propósito noble y enriquecedor o un fin muy ruin y detestable, según lo veas. Un simple cuchillo puede ser un utensilio de cocina para preparar una comida muy deliciosa para la gente que se ama o también puede ser un arma homicida, la gente es la que decide qué uso darle.

¿Cierto?

Lo mismo sucede con tu vida, tú puedes decidir ser alguien que quieras ser y sacar lo mejor de tu interior o simplemente puedes continuar siendo o creyéndote ser un elemento más que ocupa espacio sin saber qué hacer, solo estás haciendo tiempo desde que naciste y hasta el momento de tu muerte, la decisión está en tus manos.

La mayoría de personas eligen ocupar espacio vendiendo algo que no les gusta, ni les motiva, ni valoran, simplemente intercambian su tiempo por dinero, trabajando para una empresa que tampoco les gusta, ni les motiva y en un ambiente de trabajo que no les entusiasma. Tú decides si quieres ser del montón o quieres disfrutar de tu profesión.

Te propongo un ejercicio muy muy poderoso en el que podrás recuperar tu poder, comenzar a amarte y llenarte de amor hasta rebosar, solo así podrás dar lo mejor de ti a los demás. El primer paso para poder vender desde el amor es llenarte del mismo, porque no puedes dar lo que no tienes.

Ponte desnudo delante del espejo y mírate.

¿Te atreves?

Dicen que **los ojos son el espejo del alma**. ¿Cuántas veces te miras en el espejo, pero no reconoces tu alma, tu esencia divina, lo que realmente eres, TU YO?

¡Hazlo ahora!

A continuación, obsérvate con cariño, mírate a los ojos, mantén tu mirada fija durante unos segundos en tus pupilas y seguidamente dite cosas bonitas, como, por ejemplo: "Me amo y me acepto", "Soy el mejor vendedor del mundo", "Estoy estupendo", "Soy un vendedor valioso y exitoso", "¡Qué guapo estás!", "¡Hoy es un gran día!".

Parece fácil, pero te aseguro que más de uno no lo hará, solo son resistencias de la mente de no querer ver lo que hay más allá y no creerte merecedor por causa de una baja autoestima.

Hazte esta pregunta:

"¿Soy un simple bolígrafo tirado ante cualquiera y que nadie nota o soy un instrumento poderoso y de mí brotarán las mejores obras de esta vida?".

¡Escribiré mi leyenda personal con letra de oro!

Debes de hacer este ejercicio durante al menos una semana, y si puedes repetirte las frases durante el día mejor. Sé constante porque funciona, además te ayudará también a reforzar algunos otros de los hábitos que necesita un vendedor, como la constancia, la seguridad y la confianza.

Ahora piensa en esto:

¿Cómo sería tu vida si siempre tuvieras la constancia, la seguridad y la confianza que te llevarían a ser un vendedor único?

Tengo una buena noticia, y es que tú…

¡YA ERES UN VENDEDOR ÚNICO EN EL MUNDO!

El punto inicial es reconocer un hecho maravilloso, y es que tú eres único, no hay posibilidad de que exista alguien idéntico a ti. Los anatomistas, fisiólogos y doctores han demostrado que la composición de tu sangre es diferente a la de cada persona que haya vivido. Tus huellas digitales, tus huellas labiales, las de tus orejas, tu manera de andar, de hablar o de vender son diferentes a las de otra persona que haya vivido. Eres diferente a todos. Comienza aceptando que eres un ser único y especial, un ser con un talento único capaz de hacer algo maravilloso en tu vida.

Habiendo interiorizado esto, te estarás preguntando:

"¿Y qué puedo hacer para obtener mejores resultados en las ventas?".

No te preocupes, voy a mostrarte cómo hacer esto y, además, si lo aplicas, cambiarás tus relaciones y tu calidad de vida.

Lo único que tienes que saber es que la base de todo es la mente. Somos criaturas mentales, lo único que nos hace únicos son nuestros pensamientos, todo lo demás es similar.

Ahora debes saber que tú no eres tu mente, solo es una parte de tu cuerpo. Así como existe la ley de la gravedad, la ley de la electricidad o ley de Ohm, la ley de la conducción del calor o ley de Fourier, la ley de las presiones parciales o ley de Dalton y la ley de la elasticidad de Hooke, entre muchísimas leyes más, también existen las leyes mentales que determinan todo lo que nos pasa a nosotros. Debes aprender a dominar estas leyes mentales, ya que son las que determinan que cada éxito que se tiene en la vida viene de vivir la vida en armonía con las leyes mentales básicas y que todos los problemas o dificultades vienen de vivir la vida sin armonía con estas leyes.

Las leyes universales funcionan siempre, al igual que las leyes de la gravedad funcionan un cien por cien. Lo que significa que si te lanzas de un quinto piso vas a caer al suelo, ya sea que vivas en Londres, en España o en América. Da igual que creas en las leyes de la gravedad o no, que estés de acuerdo con ellas o no, que te sean convenientes o no, las leyes van a trabajar igual sobre ti, y las leyes mentales son exactamente iguales.

A continuación, vamos a pasar por un proceso de tres pasos importantes, gracias a los que aplicarás algunas de estas leyes. Son pasos que contienen ejercicios obtenidos desde mi propia experiencia, aplicados a mis ventas y con los cuales he generado resultados positivos.

Es importante que sepas que todos los resultados dependen de ti, de que quieras aplicar con conciencia todo lo que te puedo aportar en este libro. Un buen cocinero puede cocinarte un exquisito plato de comida, pero no puede, ni debe, darte de comer, porque no te estaría haciendo ningún favor. Imagínate que desde que eras bebé hubieran estado dándote de comer en lugar de enseñarte, sería un desastre porque ahora no sabrías ni coger el tenedor, ¿verdad?

Lo mismo ocurre con la lectura de este libro, es decir, que debes de hacerte cien por cien responsable y aprender a manejar las leyes a tu favor, estas están ahí trabajando todo el tiempo y pueden ayudarte a multiplicar tu valor. Igual que puedes multiplicar un producto agregándole valor añadido, tú puedes multiplicar tu valor. Para ello es importante que hagas todos los ejercicios que te propongo y marcarte objetivos cada vez más ambiciosos a medida que los vayas cumpliendo.

Es importante fijarte metas y reforzarlas mediante hábitos. En mi segundo libro, *TRÉBOL DE ORO*, podrás obtener más información sobre cómo crear buenos hábitos que te ayuden para el día a día, para la semana, el año y para tu vida.

Pero no te preocupes ahora por eso, ni si tus metas son demasiado elevadas, vamos por pasos. Es mejor apuntar a la luna y llegar a las estrellas que apuntar a las estrellas y no llegar.

Fíjate bien en este detalle. Ya sabes que eres un ser único, pero no te creas especial.

¿Por qué te digo esto?

La mayoría de personas se creen más especiales que únicas, pero, si crees que eres especial y quieres defenderlo, estarás en contra de lo que realmente eres y no podrás conocer la verdad. Nadie es más especial que nadie, cada persona tiene su talento, pero lo que sí es verdad es que:

Eres Un Vendedor Único.

Habiendo interiorizado esto, debes saber que no te puedes conformar con menos de lo que puedes llegar a ser, tener, vender y contribuir en tu vida con tus ventas, porque es de egoístas tener tanto talento y poder único y no querer contribuir con el mundo.

¿No lo crees?

Piensa en esto. Si muchos grandes empresarios, inventores o personas de éxito no hubieran pensado así y no hubieran puesto todos sus conocimientos y valor al servicio de la humanidad, no existirían muchas cosas que ahora mismo puedes tener y disfrutar. Puede que pienses que tú no eres ellos, que son especiales, que tienen algo diferente, incluso que tienen suerte… En este caso te diré algo que dijo uno de estos grandes maestros, Albert Einstein, y es que solo una cosa es cierta: todos somos genios, pero si juzgas a un pez por su habilidad de escalar un árbol, vivirá su vida entera creyendo que es estúpido. Por ello no pierdas tiempo en desarrollar habilidades que no son tuyas, pero si realmente lo que te gusta, te apasiona y te motiva es vender, ¡vuélcate en ello!

Para reforzar esto vamos a ver:

TRES PASOS PRINCIPALES DE UN VENDEDOR

I PASO
VENCER EL VICTIMISMO.

El victimismo es una de las peores actitudes que una persona puede tener, no solo en la venta, también en los equipos de ventas y en el área personal.

De una persona o equipo con actitud victimista escucharemos:

"Todo me pasa a mí", "Me quitan los clientes", "Vamos muy caros, hay que bajar los precios", "No caigo bien a los clientes", "No sirvo para vender", "Es muy difícil", y un sinfín de comentarios relacionados con el exterior.

El vendedor con actitud de víctima siempre ve el lado negativo de las cosas, no consigue ver el lado bueno. La actitud negativa se contagia como un virus y estas personas normalmente van a menos, consiguen un cliente y pierden dos porque no pelean hasta el final. Además, suelen darse por vencidos y asumen la derrota, y lo peor de todo es que no se dan cuenta y echan la culpa de todo lo que les pasa a los demás.

Esta actitud está dentro, en la mente. Tu misión es detectar si tu actitud te está ayudando a conseguir tus objetivos o, por el contrario, te está alejando. Es fácil que te esté alejando, pero si estás en plan víctima no querrás aceptarlo, entonces te mantendrás igual. Debes sembrar actitudes positivas para que tu labor comercial dé sus frutos, una actitud negativa es como una rueda pinchada, no llegarás a ningún sitio hasta que no la cambies. Por lo tanto, cada vez que detectes que te encuentras ante esta actitud, hazte esta pregunta:

"¿Este pensamiento me empodera o me limita?".

Pienso que, en la venta, además de tener las habilidades clave y técnicas, es muy importante que inviertas tiempo y esfuerzo en este estado mental, en esta forma de sentir, en una mentalidad ganadora que te dará un plus frente a otros competidores.

Si quieres ser un vendedor con éxito empieza haciéndote cien por cien responsable de tus ventas, de tu vida, de tus pensamientos y de tus emociones, y ante los problemas encuentra soluciones.

Un buen truco que suelo aplicar y que te recomiendo que hagas es que, cada vez que vayas a visitar a un cliente, lo visualices con un letrero luminoso en el que ponga la siguiente frase:

Si Quieres Ganar Un Millón De Euros, Soluciona Un Millón De Problemas.

La mayoría de personas normalmente huyen de los problemas, pero un buen vendedor debe enfrentarse a ellos y solucionarlos. Esta es la clave, **hacer lo que nadie hace, solucionar lo que nadie quiere, vender como nadie vende.**

Ayuda a las personas a solucionar problemas y nunca te sientas culpable si al ofrecer la solución no te compran. Quítate la culpa, porque la culpa no existe, simplemente es un mecanismo de la mente para evitar responsabilidades y entrar en el victimismo, ten presente que los culpables solo son aprendizajes. Sé consciente de que la culpa nunca es de otro, nunca es del producto, de los clientes, del precio, de la crisis. Asume la responsabilidad, cultiva esta actitud y no dejes que la culpa te invada. Demasiados vendedores malgastando su tiempo y su energía echando la culpa a todo lo demás en lugar de reconocer que ellos podrían hacer algo al respecto, empezando por ellos mismos.

Es algo así como cuando arrojas una piedra al agua, esta crea unas ondas y estas ondas se expanden cada vez más, pero comienzan por la piedra, comienzan a partir de ese centro. Tú eres como esa piedra, comienza por ti mismo, reconoce tu centro, ponlo en equilibrio y armonía, y, a continuación, entra en acción, sal a vender sin culpa alguna y expande esa energía como las ondas de aquella piedra.

¿Deseas vender más y mejor y con ello aportar valor a tus clientes y contribuir a dejar un mundo mejor?

Entonces, haz algo al respecto, no señales con tu dedo a todo el mundo, sino que debes mirar en tu interior, y aprende de lo que llamas errores.

Avanza u otros lo harán por ti, no caigas en la inseguridad que genera mirar en tu interior, continúa hacia el cambio por el camino hacia la conciencia superior.

Un camino en el cual probablemente deberás desaprender lo aprendido en el tiempo porque ya no te ayuda a evolucionar, pero no para olvidarlo, sino para reaprender, recordar qué clase de vendedor acordaste que ibas a ser y reinventar tu forma de hacer las cosas. No te quedes anclado a una mente condicionada, no vivas de fotos amarillas. Estamos en una era de constante evolución, los cambios vienen rápido, al universo le gusta la velocidad, y si quieres llegar a ser un buen buen vendedor debes acelerar, con lo que quizás todo lo que aprendiste y funcionaba antes ahora ya no te sirva, no te está ayudando. Por eso debes desaprender, borrarlo como si de una goma de borrar se tratara, vaciar tu mente para hacer hueco a nuevas formas de vender y nuevas habilidades. Puedes hacer que tu experiencia sea la base sobre la que construyas una nueva forma de crear hábitos y generar nuevas ideas que te hagan crecer como profesional y como persona.

Sé ágil, haz de los problemas oportunidades.

Fórmate, comunícate y haz de ti el mejor vendedor profesional con el que la empresa pueda contar. Empieza por ti.

¿Cómo te vendes ante una entrevista de trabajo?

En las escuelas nos enseñan a memorizar, pero no nos enseñan a tener una buena actitud ante la vida.

Vivimos en una sociedad en la que las personas se llenan de títulos, diplomas y conocimientos, pero a la hora de venderse, por ejemplo, en una simple entrevista de trabajo, la mayoría no saben. Entran en una entrevista de trabajo y casi sin presentarse lo primero que hacen es exigir el sueldo sin antes demostrar el valor que pueden aportar, no solo con diplomas y títulos, sino en la práctica, y lo primero que preguntan es:

"¿Cuánto, cómo y cuándo voy a cobrar?".

"¿Cuántos días libres y de vacaciones tengo?".

En mi caso, tuve la gran suerte de que esta actitud ante esta situación me la enseñó mi madre en cuanto terminé de estudiar, y me siento muy agradecida por ello porque sinceramente el colegio de todo esto poco me enseñó, y, de lo poco, casi nada me parecía interesante y tampoco me motivaban mucho para que lo fuera.

Bajo mi punto de vista, uno debe saber venderse bien ante una entrevista de trabajo, y esta no es la mejor forma de venderte, funciona al revés, consiste en dar para recibir. Es decir, primero demuestra lo que puedes aportar y ayudar a la empresa, no solo con tus títulos, sino con tu actitud y tus habilidades. Si consigues demostrar tu valor y te vuelves el mejor vendedor, te aseguro que la empresa no te dejará escapar, contará contigo y te pagará conforme el valor que tú aportes.

No te estoy diciendo que no tengas derecho de saber lo que vas a cobrar ni que trabajes gratis, ya que tampoco sería justo, como tampoco lo es que una persona te tenga que pagar sin saber si realmente le vas a solucionar la papeleta, que, al fin y al cabo, es para eso para lo que te contrata, ¿no crees? Además, si tú sabes lo que vales y lo puedes demostrar, no tienes por qué temer. Y si la empresa no cumple, siempre tienes la opción de abandonar. Es más, te diré que si tú ya sabes vender y te ocupas de ser un gran vendedor podrás vender cualquier cosa, y siempre hay algo por vender. A un buen vendedor difícilmente le faltará trabajo.

¿Qué empresa no querría tener un gran vendedor en su equipo?

Lo que quiero decir es que ante una entrevista de trabajo que tu principal preocupación no sea la de saber cuánto vas a cobrar y cuántas vacaciones vas a tener, más bien cuánto vas aportar tú a la empresa como vendedor, qué puedes ofrecer o qué problemas le vas a solucionar si te contratan. Todo esto es lo que tienes que vender, demuestra tu valor y, como consecuencia, recibirás.

¡¡Sé valiente!!

El cambio empieza por ti y, a continuación, se expande hasta la comunidad, la ciudad, la nación y el mundo.

Este oficio requiere de mucha humildad porque un vendedor tiene que estar abierto al aprendizaje continuo, el mundo de las ventas siempre está en constante aprendizaje y crecimiento. En esta profesión siempre estamos aprendiendo, siempre estamos creciendo, no hay un día igual que otro, lo que quiere decir que te adaptas o te adaptan.

Una de las cosas por las que me encanta ser vendedora es porque no le tengo miedo al cambio, me apasiona aprender de todo lo relacionado con las ventas, y en este oficio siempre estoy en constante aprendizaje. ¡Quién me lo iba a decir cuando iba al colegio!

Quizás puede que tú también fueras de aquellos a los que no les gustaba aprender en el colegio. Si es así, no te preocupes ni te sientas mal por ello, porque te diré algo de lo que me he dado cuenta y muy pocas personas reconocen, y es que el problema no es que a las personas que no les gustaba el colegio fueran unos burros, catetos, de baja capacidad…, como la sociedad los etiqueta, ¡nada de eso! Lo que ocurre es que existe falta de motivación y conciencia para saber que a cada persona le motiva y le gusta más unas asignaturas que otras. Pero, cuando alguna asignatura no te gusta, te tachan de burro, te etiquetan, y esta etiqueta ya se queda en tu subconsciente haciéndote pensar que ya no vales para estudiar, que eres un burro, que no vas a llegar a nada sin los títulos necesarios… Y para colmo, cuando ocurre esto, tus padres te apuntan a una escuela de repaso para encima volver a estudiar algo que odias; realmente a veces pienso que somos masocas. Está claro que lo básico y principal se debe de aprender, pero, ¿es necesario ese machaque?

¿Qué ocurrió con las asignaturas que te gustaban y se te daban bien?

¿Por qué no extrajeron lo mejor de ti y de esas asignaturas para sacar todo el potencial si estaba claro que eran las que te gustaban y las que llevabas bien?

¿Es posible que en esas asignaturas que te gustaban y se te daban bien se encontrara tu don?

¿Crees que podrías haber llegado a ser el mejor en esa asignatura si la hubieras reforzado desde niño y que ahora te dedicarías a algo que tuviera relación con ello?

¡Realmente pienso que sí!

Para algunos vendedores hablar de cambios es como hablar de muerte, saben que llega, pero no quieren verlo. Excepto los vendedores inteligentes, porque ellos saben perfectamente dónde quieren llegar y se adaptan a las situaciones y cambios rápidamente, sin pensar ni cuestionar. Los vendedores de éxito toman acción inmediatamente y después cuestionan, y si es necesario hacen cambios, todo lo contrario a lo que hacen los vendedores mediocres, que se pasan la vida cuestionando, analizando las situaciones, intentando encontrar sentido y entrando en un juego mental que les arrastra a un bucle de razonamientos que no les lleva a ningún lado y no les permite avanzar.

Aprender de lo que eres bueno y se te da bien es una clave para el éxito.

Por lo tanto, si lo que te gusta y se te da bien es vender, cuando te des cuenta de que estás en plan vendedor de sofá y no te apetezca aprender más, es momento de tomar consciencia.

Las siguientes preguntas pueden ayudarte a cambiar el enfoque.

¿Qué está ocurriendo?

¿Cómo me puedo adaptar?

¿Para qué está ocurriendo?

¿Qué tengo que aprender?

¿Qué debería cambiar?

¿Qué puedo cambiar para adaptarme mejor y lograr conseguir los resultados?

Siempre hay una posibilidad para cada situación, no hay límites, los límites te los pones tú. Hay un campo de posibilidades infinitas, no te canses de aprender y buscar soluciones, la labor comercial si la dominas es apasionante y bella.

De nuevo te digo que te hagas cien por cien responsable. Entrénate en esta habilidad, cultívala, considérala un valor importante de ti mismo.

II PASO
CAMBIA LAS CREENCIAS.

Las creencias que tenemos sobre los vendedores y sobre las ventas son muy importantes, es muy interesante cómo tus pensamientos, lo que piensas y cómo lo piensas, determinan tus valores y lo que está ocurriendo dentro de ti.

En ti hay tres herramientas con las que estás trabajando todo el tiempo consciente o inconscientemente: el PENSAMIENTO, la PALABRA y la OBRA. Con estas herramientas vas creando tu realidad, tanto en el área personal como en el área profesional, todo el tiempo, incluso durmiendo. Es decir, todo lo que piensas, dices y haces es lo que vas a ver manifestado en tu realidad. Por lo que si aprendes a tomar el control de tus pensamientos, haciendo que sean todos positivos, estás en pleno control de tu propio éxito. Si además los acompañas mediante palabras y obra, estarás en perfecto equilibrio emocional, y esto será como una fábrica de sueños donde podrás hacer realidad todo lo que sueñes, incluidas tus ventas.

Los pensamientos almacenados determinan tus palabras, tus palabras determinan tus acciones y tus acciones determinan tus resultados.

PENSAMIENTOS + PALABRAS + ACCIONES = RESULTADOS.

Muchos vendedores fracasan por sus creencias negativas, las creencias negativas las poseen entre un 80 % de los vendedores. Estas nos dicen que al pensar en negativo estamos atrayendo lo negativo.

La mayoría de los vendedores no creen que son negativos, pero si te paras a observarlos escucharás cosas como: "Todo es cuestión de suerte", "Es estar en el lugar adecuado en el momento adecuado", "Es el destino", "El mercado está muy mal", etc.

Son personas que piensan que su vida está controlada por situaciones externas y no tienen planes ni metas fijas, no trabajan persistente y consistentemente día a día hacia el logro de algo que desean, y su vida parece estar a la deriva, giran sin rumbo, como un barco sin timón. Estas personas invariablemente son infelices porque como hacen una cosa las hacen todas.

Las creencias limitantes impiden que te desarrolles como vendedor exitoso. Sin embargo, investigaciones exhaustivas demuestran que los talentos están muy bien esparcidos entre la población y que la mayoría de las limitaciones y miedos que tenemos en realidad no existen, solo existen en nuestra propia mente, pues esta es la que crea nuestros propios monstruos de las ventas, fantasmas y hasta brujas averías.

Uno de los puntos iniciales para lograr éxito en las ventas es encontrar y reconocer qué tipo de creencias tienes sobre las ventas y comenzar a cuestionarte si te están autolimitando o empoderando. Si te limitan es el momento de desecharlas y comenzar a actuar como si no existieran, y solo de esta manera desaparecerán.

¡BIEN!

Ahora mi pregunta es:

¿ESTÁS COMPROMETIDO CON LA EXCELENCIA?

Si tu respuesta es afirmativa, escríbelo a continuación.

<u>DESENTIERRA LAS EXCUSAS DE TU MENTE</u>

Vamos a ver alguna de las creencias negativas que suelen tener los vendedores para que puedas tomar conciencia y, si te resuenan, puedas cambiarlas.

1. Creer que ir a vender es una guerra. A nadie nos gustaría ir a la guerra, en una guerra siempre hay alguien que gana o que pierde, y en las ventas tiene que estar prohibido que alguien pierda, porque tenemos que generar relaciones en donde el cliente gane, tú ganes, tu empresa gane y el mundo gane.

¿Alguna vez le has preguntado a un cliente cómo está y te ha contestado con un "bien aquí, peleando"?

¡QUÉ HORROR!

Cuando escucho esto me los imagino con escudos y espadas luchando, como en una batalla tipo medieval, o con guantes de boxeo y en una especie de *ring*. Enseguida intento tomar consciencia y cambiarles el foco hablándoles de algo positivo para llevarles a mi terreno, a mi mundo de VENDEDORES DE SONRISA ILUMINADA.

Tú tienes que conseguir esto también, porque si haces esto le estarás dando una vuelta a su realidad, les harás sentirse mejor, te verán con otros ojos y estarán más abiertos a escuchar y comprar lo que tienes para ofrecer.

Ten siempre en cuenta la siguiente frase:

El Cliente Con El Tiempo No Se Acordará De Cómo Le Vendiste, Pero Sí De Cómo Le Hiciste Sentir.

Lo importante es entender que la venta no es una guerra, al contrario, es un tratado de paz en el que ambas partes deben quedar satisfechas y obtener resultados.

También es habitual escuchar frases como: "Trabajando, no queda otra", "Deseando que llegue el viernes", "Aquí, de lunes", etc.

¿Como que no queda otra?

Pienso que las personas tenemos lo que toleramos, y, si estás en un trabajo porque no te queda otra, muévete, busca otra cosa que te motive y te haga feliz. No eres un árbol como para quedarte fijo en un sitio en el que estás amargado y lo único que haces es trabajar deseando que pase el tiempo, que llegue el viernes para liberarte de algo que no te motiva ni te hace crecer.

Esto es muy triste, ¿no crees?

Ten presente que el 80 % de tu tiempo lo vas a pasar trabajando, y solo tienes una vida terrenal.

¿Por qué no vivirla haciendo lo que te apasiona?

Sobre todo, en el área laboral, ya que es donde más tiempo pasas.

Ya sé que pensarás: "No es tan fácil, tengo que pagar hipoteca, tengo hijos, un coche, etc.". Es comprensible porque… ¡has hecho lo que tocaba! Estudiar, buscar un trabajo estable y, si es para toda la vida, mejor, porque así vas a poder hipotecarte, casarte, tener hijos… Todo es respetable si te hace feliz. Ahora bien, no todas las personas tienen por qué seguir estos pasos, y menos tan estrictos, sobre todo sabiendo que no van a ser felices.

Volviendo al área profesional, mi pregunta es:

¿Realmente crees que en todo el mundo no existen más trabajos en los que puedas sentirte bien y realizado?

Mi opinión es que los hay y que, como bien has podido leer antes, todos tenemos un don único, por lo tanto, hay que moverse para descubrir y demostrarte primero a ti qué es lo que realmente quieres, qué te gusta y te apasiona y, a continuación, hacer lo que sea necesario para conseguirlo.

El problema es que esto no es nada fácil porque a veces hay que probar hacer muchas cosas. La mayoría de personas no saben ni lo que les gusta, lo que les apasiona hacer ni lo que quieren, se han desconectado de sus sueños simplemente por hacer lo que les tocaba. Sé de lo que te hablo y por eso mismo te entiendo, porque yo era la primera que no lo sabía y vivía de este modo.

Esto hace que no nos conozcamos ni a nosotros mismos porque no nos enseñan. Salimos del colegio y debemos saber qué es lo que nos gusta, cuando, vuelvo a insistir, nos han estado reforzando en lo que no nos gusta y quitándole foco a lo que sí. No nos enseñan a preocuparnos por nosotros, no tenemos mucho tiempo para pararnos a pensar, ya piensa la sociedad por nosotros, no nos queremos y valoramos, quizás por las dichosas etiquetas, como para dedicarnos y volvernos profesionales de lo que nos gusta, eso es mucho esfuerzo. Funcionamos como robots haciendo lo que nos marca la sociedad: ir al cole, estudiar, trabajar, hipotecarse, casarse, tener hijos… y si te sales un poco de los estereotipos tú mismo te tachas como raro, y los de tu alrededor ya ni te digo, comienzan a criticar y juzgar tu raro comportamiento. Esos juicios te hacen sentir tan mal, que al final como no seas fuerte vuelves a bajar tus sueños a la altura de las circunstancias, hasta que lo ves todo tan negro que dejas de soñar. Así funciona para la mayoría de personas, ni siquiera han probado más trabajos para saber qué es lo que realmente les gusta, simplemente se conforman con lo que tienen porque les da algo para vivir, y, claro, como han hecho lo que tocaba, tienen responsabilidades y cargas que asumir. Así que con todo esto es normal pensar que no te queda otra y que es lo que hay.

Este tipo de vida es totalmente respetable y puede que existan personas que hasta les guste, pero si es así NO TE QUEJES y, sobre todo, NO TE MIENTAS. Este es mi punto de vista ahora, porque ya te digo que hace unos pocos años andaba siguiendo a la masa. Por eso ahora, que vivo de mi pasión y me siento feliz, tengo la experiencia para poder decir que merece la alegría, que no es necesario seguir las normas, y mucho menos cuando son tan estrictas y marcadas. Hacemos las cosas sin pensar en nosotros, simplemente porque es lo que toca, y después vienen los desengaños y fracasos, tanto laborales como personales.

¿Que no es fácil? Ya lo sé… tu mente busca la comodidad y no salir de la zona de confort. Pero es tu vida, solo tienes una y la mayor parte de ella la vas a pasar trabajando, y si te dedicas a algo que te apasiona no tendrás que trabajar ningún día de tu vida.

Estuve trabajando durante diez años en una línea de producción, encerrada entre cuatro paredes, siempre viendo las mismas caras y haciendo lo mismo. Crée-me, estaba comodísima, ganaba un sueldo digno y te-nía un buen horario, pero no estaba en mi propósito ni tenía pasión por lo que hacía. Los días se me hacían eternos, cada día me sentía más agotada. Llegué a un punto en el que me dolía todo, aunque más bien era mi mente, que se creaba sus propios dolores al pensar que cada día tenía que volver a hacer lo mis-mo, no tenía aspiraciones. Por eso sé de lo que estoy hablando, porque ahora estoy haciendo lo que amo, mis vacaciones comienzan cada día de trabajo y, si yo he podido, ¡tú también puedes!

Ahora bien, si eres de los que no quieren cambiar de trabajo, si eres vendedor y te encanta, aunque sientes que hay algo que te limita, estás cómodo y a veces simplemente las quejas son por vicio. A continuación, vamos a ver más ejemplos para saber cuáles son las creencias de los vendedores y las tuyas propias para que puedas detectarlas, transformarlas y lograr ven-der más y mejor.

2. Creer que las ventas son una manipulación. Esto es algo imposible porque no se puede manipular a todo el mundo, cada ser humano tiene sus propios valores, sus propias creencias y su propia manera de pensar y ser. Es muy difícil que un profesional manipule a to-dos los clientes, es más, si estos detectan que eres un manipulador es probable que se molesten y jamás te vuelvan a comprar. La venta nunca se debe hacer por manipulación, más bien es una colaboración donde tu misión es la de acompañar al cliente a que tome una buena decisión, y esto es muy bonito, porque le estás dando beneficios y ayudándole en algo que necesita. Debes saber que a las personas no nos gusta que nos vendan, nos gusta comprar, nos gusta sentir que somos nosotros los que tomamos nuestras propias decisiones, esto nos hace sentirnos bien y seguros de lo que compramos. Es algo así como "vende y deja comprar".

3. Creer que las ventas consisten en engañar a las personas para que te compren. Ha habido y hay muchos vendedores que van por ahí vendiendo, ofreciendo y prometiendo cosas que luego no cumplen, llamando a deshoras para intentar vender, y te piden que les escuches, pero ellos ni se paran a escucharte a ti. Esto sucede porque solo trabajan por comisión y bajo presión, lo que conlleva que no se preocupen por los clientes porque su enfoque está solamente en cumplir los objetivos marcados por la empresa y solventar así sus necesidades. Sin embargo, para mí hacer esto no es ético porque supone quemar la profesión, quemar a los clientes y quemarte a ti. Muchos de ellos se hacen llamar vendedores, pero su verdadero nombre es el de ESTAFADORES.

Hay que hablar con la absoluta verdad, el respeto y la honestidad, que son valores que demuestran que somos profesionales y que estamos para APRENDER, AYUDAR y AMAR a las personas por encima de las comisiones.

Para aplicar la siguiente regla, que para mí es la más sabia de todas las reglas, debes tener mucha humildad y saber dominar tu ego.

No Vendas A Los Demás Lo Que No Te Gustaría Que Te Vendieran A Ti

4. Creer que todo vendedor tiene que presionar al cliente. La única presión que podemos hacer es a través de nuestros pensamientos, de nuestras palabras y de nuestro lenguaje.

Las personas compran a través de las emociones, no por las presiones. Por ello más que presionar debes aprender a sensibilizar al cliente.

¿Cómo?

Pon ejemplos, relata resultados de otros clientes, historias, muestra imágenes, cuenta los beneficios que van a obtener, ponlos a imaginar, a soñar cómo se van a ver con tu producto; cuanto más puedas demostrar al cliente mediante los resultados de otros clientes, o cualquier otra herramienta que se te ocurra, más credibilidad tendrás y menos presión necesitarás realizar. Es decir, pon a trabajar tu creatividad, inspiración e intuición para que te ayuden con el logro de tus objetivos.

Vamos a hacer un ejercicio muy poderoso que te puede ayudar a cambiar esta creencia.

Te animo a que lo hagas si realmente quieres conseguir resultados. Algo que aprendí de mis mentores es que como haces una cosa las haces todas, es decir, que si eres una persona que deja las cosas a medias, así será tu vida.

De este modo, si mientras estás leyendo este libro no te involucras en los ejercicios, estarás yendo a medias con el libro, por lo que obtendrás resultados a medias.

Ya sé lo que tu mente ahora te estará diciendo.

"¡Menuda tontería! ¿Qué va a cambiar por hacer esto?".

Lo que va a cambiar es que vas a salir de tu zona de confort. Al hacer las cosas diferentes conseguirás engañar a tu mente, y esta cuando vea que vas en serio captará la indirecta y entonces actuará más rápidamente hacia los objetivos deseados. Es tan simple como entender que no puedes obtener resultados diferentes haciendo siempre lo mismo.

Estás acostumbrado a leer libros cómodamente, por eso, cuando los lees, a los dos días se te olvidan, pero este no es un libro cualquiera. Este es un libro escrito desde el alma y con el propósito de cambiar tu vida y tus ventas, un libro que no vas a olvidar, es más, lo volverás a repasar, y te recomiendo que lo hagas siempre que vuelvas a tu zona de confort y quieras aumentar tu conciencia, no solo en el área de las ventas, sino en el de tu vida personal. Después de leer este libro no volverás a vender del mismo modo, y no solo venderás más, sino que venderás mejor. Pero esto pasará solo si tú lo quieres y lo decides. No permitas que tu mente pueda contigo, levántate y dile: "¡AQUÍ MANDO YO!".

Cuando consigas dirigir y gobernar tu mente, entonces obtendrás resultados.

¡¡¡¡ÁNIMOOOOOOOO!!!!!

Levántate. Levantado ya sé que estarás muy incómodo, pero ¡¡¡ÁNIMOOOOOOO!!!

Levántate.

¡¡¡MUUUUUUYYY BIEN!!!

Estás a un paso más de tu gran pedido.

Ahora, presiona tu cabeza durante un tiempo, cincuenta segundos.

Por favor, cuenta cincuenta segundos.

¿Cuánto tiempo más podrías aguantar esa presión?

¿Es placentera?

No, ¿verdad?

Pues los clientes cuando los presionas sienten lo mismo, no están en su estado de óptima disponibilidad de recursos para tomar decisiones, y si toman una decisión bajo presión después se sentirán utilizados.

5. Saber y creer que eres vendedor.

Deja de cambiar los nombres "coordinador", "asesor", "ejecutivo de cuenta", "agente comercial", etc. En el fondo, todo lo que hacemos es vender, y que seas vendedor es un lujo, un regalo y una gran oportunidad. Debes sentirte orgulloso porque los vendedores tienen libertad y capacidad para ganar cantidad de dinero y son personas con un gran poder de valentía porque se atreven a correr riesgos, saliendo todos los días a ganarse la vida. Ser vendedor, aunque en ocasiones no se valore lo suficiente, es una excelente profesión que requiere de grandes capacidades, habilidades y profesionalismo. Realmente ser vendedor requiere de mucho conocimiento sobre desarrollo personal y psicología humana, porque para vender necesitas entender la mente y el comportamiento humano. Saber detectar los problemas y resolverlos para después traducirlos en estrategias de ventas requiere de un gran esfuerzo y trabajo, y por ese esfuerzo puedes ganar hasta diez veces más que un empleado cualquiera, y si trabajas para alguna compañía eres como un miniempresario, tanto vendes, tanto ganas.

Amado lector, siéntete orgulloso de saber que...

ERES UN VENDEDOR Y PUNTO.

La ley de las creencias dice que creas lo que creas con convicción y **"con fuerza"**, ¡esta es la clave! Y cuanta más emoción le pongas a tu creencia más se volverá una realidad porque hará que tú actúes de una forma coherente con respecto a ella.

Toma conciencia de la clase de vendedor que eres ahora, los resultados que obtienes son una causa de tus creencias más arraigadas. Además, debes saber que puede que algunas creencias no sean ni tuyas, lo que quiere decir que seguramente sean creencias heredadas de tus padres, de tus abuelos o incluso de tus bisabuelos o de la sociedad. Para que puedas entenderlo mejor te pondré un ejemplo:

¿Cuántas veces te han dicho tus padres o has escuchado la frase "¡No hables con extraños porque es peligroso!"?

Es cierto que en esa etapa en la que eras niño tenían razón. Pero la realidad es que esta creencia ahora mismo ya no te sirve, y menos para esta profesión en la que es necesario hablar con extraños, y cuantos más extraños, mejor.

¿Cierto?

Pues vamos a ver ahora cómo detectar las creencias que ya no necesitas y que te están impidiendo crecer y vender con todo tu potencial, y vas a transformarlas en creencias nuevas que te permitan realizarte como vendedor exitoso. Pero recuerda que el primer permiso tiene que ser el tuyo, así que dite ahora mismo:

"ME DOY PERMISO PARA REALIZARME COMO VENDEDOR EXITOSO".

Tus Creencias Definen Tus Ventas Todos Los Días.

Vamos a por otro ejercicio para reprogramar estas creencias.

¿Me sigues?

Vas a descubrir cuáles son tus pensamientos primarios sobre las VENTAS.

Los pensamientos primarios son:

Cuando escuchas o ves la palabra VENTAS las primeras ideas, imágenes o conceptos que vienen a tu mente.

Antes piensa una cosa:

¿Cómo vas a vender más y hacer dinero con tus ventas si tu mayoría de creencias son negativas?

Hay un estudio que dice que el pensamiento primario de algunos vendedores bajo la palabra VENTAS es:

Ansiedad, resistencia, miedo al fracaso, estrés, soledad, dinero escaso, sentirse avergonzado, miedo al rechazo, fracaso, soledad, vergüenza, engaño, mentiras, manipulación, presión… etc.

Ahora coge lápiz y anota tus pensamientos primarios cuando piensas en la palabra VENTAS

¿Lo tienes?

A continuación, describe de qué manera has sufrido en el pasado vendiendo o si en alguna ocasión algún vendedor te ha engañado. Piensa en cómo te sentiste, rememora ese momento: ¿qué pensabas?,

¿te sentiste impotente?, ¿desconfiado?, ¿lloraste? Describe todo lo que sufriste, siéntelo.

____

____

____

____

____

Ahora, describe si esto causó sufrimiento a tu familia, a tus padres o a tus hijos, si engañaste a alguien que querías, si recuerdas a alguien de tu familia que haya sido un mal vendedor, etc. Descríbelo con detalle.

____

____

____

____

____

Hecho esto, piensa en lo que pueden sufrir tus hijos o familia debido a tu falta de habilidades para vender, a tu falta de potencial, a no conseguir tus resultados y metas o a no llegar a las comisiones y mantenerte bajo nivel el de abundancia económica. Describe qué se perderán tus seres queridos por no cambiar tus creencias y obtener tus resultados en tus ventas.

____

____

____

Y, por último, escribe todo lo que puedes perder tú en tu vida si no comienzas a tener más ventas y a hacerte responsable de ti y de tus resultados.

¿Los tienes?

Si aún no lo has escrito, piensa en esto:

Vendedor Que Piensa Las Cosas Mucho Antes De Dar Un Paso, Se Pasará Toda Su Vida En Un Solo Pie.

Ahora ya sabes lo negativo que es no vender y dónde te puede llevar.

¡¡¡BIEEEEEEN!!!! A continuación, vamos a reprogramar estos pensamientos primarios por pensamientos dirigidos.

EJEMPLO DE PENSAMIENTOS DIRIGIDOS

Deseo, oportunidad, éxito, logros, viajes, desarrollo, potencialidad, satisfacción, dinero, reconocimiento, felicidad, confianza, aportación, sonrisa, etc.

Anota ahora tus pensamientos dirigidos y por qué quieres vender más y mejor.

____

____

____

____

____

Seguidamente, escribe cómo van a aumentar tus ventas y con ello tu abundancia económica, cómo cambiará tu vida, todo lo que serás, tendrás y harás y por qué la vida de tus seres más queridos mejorará con el hecho de que tú vendas más y dupliques tus ventas.

____

____

____

____

____

Ahora escribe cómo servirás y ayudarás a tus clientes, aportándoles valor a través de tus ventas.

____

____

____

____

____

Por último, escribe el legado que dejarás a tus hijos y generaciones posteriores a las tuyas, cómo puedes llegar a ser un ejemplo para tu familia e incluso cómo puedes ayudar a dejar un mundo de vendedores conscientes y con valores. Tómate tu tiempo, no hay prisa, mientras más alta sea la lista y más eleves tu conciencia, más efecto tendrá el ejercicio.

____

____

____

____

____

¿Listo?

¡¡¡MUUUUUY BIEN!!!

Con este ejercicio lo que hemos hecho es coger nuestros pensamientos primarios y dirigirlos, utilizando dos fuerzas que moldean nuestras creencias, PLACER Y DOLOR, pero teniendo en cuenta que lo placentero nos protege y lo doloroso amenaza la supervivencia y tendemos a rechazarlo.

Si nuestros pensamientos primarios hacia las ventas eran negativos, de dolor, sufrimiento y tristeza, asociamos dolor al hecho de tener que salir a vender. Así que debemos reprogramarlos por pensamientos dirigidos y positivos, asociando el placer que nos aportará conseguir nuestros objetivos de venta.

Este ejercicio, si lo haces bien, es muy poderoso. Si no lo has hecho aún, mi consejo es que no continúes leyendo hasta que no lo hagas, porque te saltarás el proceso y no verás los resultados.

¡HAZLO Y HAZLO AHORA!

Insisto porque quiero ayudarte. Es tu vida y son tus ventas, no las mías, pero conozco los beneficios, y por eso quiero ayudarte a ti y a todos los vendedores del planeta. El mundo necesita de más personas y vendedores con valores, ¿no lo ves?, ¿no lo sientes? Está pidiendo a gritos personas conscientes que trabajen por pasión. Necesitamos recuperar la confianza en nosotros mismos, en las personas y en el poder que se nos ha dado. La responsabilidad es nuestra y de nadie más.

Después de este poderoso ejercicio, vamos a conocer el llamado…

EFECTO PIGMALIÓN EN LAS VENTAS ¿CONSTRUIR O INTOXICAR?

Pigmalión, rey de Chipre, buscó durante muchísimo tiempo a una mujer con la cual casarse, pero con una condición: debía ser la mujer perfecta.

Frustrado en su búsqueda, decidió no casarse y dedicar su tiempo a crear esculturas preciosas para compensar la ausencia. Una de estas, Galatea, era tan bella que Pigmalión se enamoró de ella.

Mediante la intervención de Afrodita, Pigmalión solo quería que Galatea cobrara vida.

Pigmalión se dirigió a la estatua y, al tocarla, le pareció que estaba caliente, que el alfil se ablandaba y que, deponiendo su dureza, cedía a los dedos suavemente. Como la cera del monte se ablandó con los rayos del sol y se dejó manejar con los dedos, tomando varias figuras y haciéndose más dócil y blanda con el manejo.

Al verlo, Pigmalión se llenó de un gran gozo mezclado de temor. Creyendo que se engañaba, volvió a tocar la estatua otra vez, se cercioró de que era un cuerpo flexible y que las venas daban sus pulsaciones al explorarlas con sus dedos.

Al despertar, Pigmalión se encontró con Afrodita, quien, conmovida por el deseo del rey, le dijo: "Mereces la felicidad, una felicidad que tú mismo has plasmado. Aquí tienes a la Reina que has buscado. Ámala y defiéndela del mal". Y así fue como Galatea se convirtió en humana.

Esta historia describe el comportamiento que tienen las personas consciente o inconscientemente cuando saben lo que se espera de ellas.

¿Te has dado cuenta del mito?

La forma en la que tratas a los demás y las expectativas que se tengan tienen un poderoso efecto transformador en las personas.

Entender esto es superimportante para ser el líder de un equipo de ventas, ¡porque significa que el líder que tiene altas o bajas expectativas sobre las capacidades de su equipo TIENE RAZÓN! Pues el rendimiento está relacionado con lo que se espera de alguien.

Por ello, si te haces cargo de un equipo de ventas, pones amor y la mejor intención en tus vendedores, los valoras, confías en ellos, impulsas sus habilidades de ventas, los apoyas, los animas, les haces saber que son importantes, sabes destacar el potencial que tienen, los alientas para que crean en ellos mismos, los impulsas a vender con amor y confianza en la compañía, en el producto y en ellos, estarás dando para recibir. En definitiva, estarás creando un equipo que crecerá con unos valores y actitudes excelentes y no solo obtendrán más y mejores ventas, sino que, además, crearán clientes felices y satisfechos, porque es lo que transmitirán.

EXPECTATIVAS DE OTROS SOBRE NOSOTROS.

Tengo la certeza y la seguridad por mi experiencia, y ya te dije, amado lector, que no te voy a contar nada que antes no haya experimentado en mí. Si tratas a tu equipo de ventas como si fueran los mejores vendedores, trabajas con ellos como si realmente fueran brillantes y crees en ellos antes e independientemente de que ellos mismos lo crean, simplemente te sorprenderás de sus resultados y logros en ventas. De esta manera, actuando así creas una responsabilidad, consciente o inconscientemente, en sus mentes y personalidades, la cual les otorgará una fuerza interior tan grande y poderosa que les recordará y comprometerá a actuar en consecuencia con lo que tú crees de ellos. Un vendedor con principios, ética y valores no querrá fallarte, no puede fallar a una persona que ha creído y depositado su confianza en él, por lo que se esforzará mucho más para demostrarte que todo lo que tú dices de él es real.

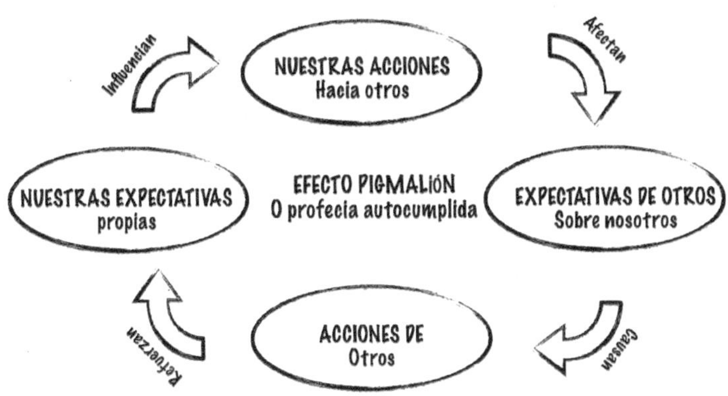

Cuando empecé a trabajar como vendedora, estaba atravesando por el peor momento de mi vida, y me encontré con unos jefes que confiaron en mí desde el primer momento, me apoyaron, me enseñaron y me trataron maravillosamente. Yo no sabía si iba a servir para vender, si sería capaz, no tenía ni idea de los productos ni de lo que me iba a encontrar por el camino, pero ellos sí, y me impulsaban todos los días, tuvieron una paciencia imprescindible conmigo. Eso hizo despertar en mí ganas de aprender y de aumentar el potencial que ni yo misma sabía que tenía, pero, sobre todo, no podía ni quería fallar a esas personas que habían confiado en mí y dado la oportunidad de demostrar y demostrarme a mí misma que ¡SÍ SE PUEDE!

Siempre recordaré a mi compañero (director comercial) enseñándome lo que eran 150 ml, y no una vez, diez si hacía falta, y siempre con una gran sonrisa. Por ello le estoy eternamente agradecida por toda su paciencia y comprensión en el momento que más lo necesitaba.

¡Esto es lo que hace un gran líder!

Te voy a contar una historia real de un amigo, la cual te puede hacer entender mejor el gran poder que tiene el efecto Pigmalión.

Cuenta este amigo mío que cuando era pequeño jugaba al fútbol en el equipo del colegio. Al principio de comenzar a jugar, parecía que no se le daba muy bien, y en los días de partido no conseguía meter un gol, pero, aun así, él quería seguir jugando porque le gustaba ese deporte.

Los compañeros lo etiquetaron como un mal jugador y se burlaban de él. Esta conducta de los compañeros hacía que cada día tuviera menos ganas de ir a entrenar, incluso terminó odiando los días de partido.

Un día su madre decidió cambiarle de equipo y lo llevó a jugar a un pueblo de al lado, pensando que por lo menos seguiría practicando algo de deporte.

Al cabo de tan solo un par de meses, ¿sabes lo que ocurrió? Que terminó siendo el mejor jugador del equipo.

¿Crees que aquel niño en menos de una semana había aprendido a jugar mejor al fútbol?

¿Crees que, como decía su madre, a "este niño se lo habían cambiado"?

Nada de esto. Lo que ocurrió fue que las personas del nuevo equipo no lo conocían de nada, por lo que su mente ya no iba condicionada. Además, tanto el nuevo entrenador como los compañeros depositaron en él toda la confianza desde el primer momento, y ese cambio de actitud de las personas de su alrededor fue lo que le permitió darse la oportunidad de demostrar su valor, su fuerza y su potencial como jugador de fútbol.

Ahora, hay otro tipo de expectativas de nuestra vida que también nos afectan, como:

1. EXPECTATIVAS DE NUESTROS PADRES. Como adultos tenemos la tendencia de vivir según las expectativas de nuestros padres toda la vida.

Esto supone que, si tus padres fueron fuertes, si te apoyaron, fueron amorosos, amables, alentadores y creyeron en ti, inconscientemente lucharás por vivir una vida acorde a estas expectativas. Pero si, por el contrario, tus padres fueron críticos, condenadores, quejicas y si estaban descontentos de ti, podrás observar cómo en tu vida tienes la tendencia de menospreciarte tanto, que esto termina afectando muy negativamente a tu autoestima, a tu vida y, por consiguiente, a tus ventas.

Debes saber que, si existe algo de lo cual no tienes conciencia ni sabes, no lo vas a poder cambiar, evidentemente porque no lo sabes. Por ese motivo el primer paso es hacerte consciente y poder reconocerlo con más claridad para poder transmutarlo.

Hazte estas preguntas.

¿Cómo eran las expectativas de tus padres hacia ti?, ¿positivas, negativas, alentadoras, desalentadoras?

Y, ¿cuánto crees que te están afectando a la hora de vender con confianza en ti?

¿Cuántas veces te mandaron a callar, te dijeron cosas como "no puedes", "no eres suficiente", "no te enteras"…?

2. EXPECTATIVAS DE NUESTRO JEFE. Existen estudios sobre las excelencias en las organizaciones que demuestran que los jefes con grandes expectativas hacia sus trabajadores tienen ambientes laborales con altos desempeños, pero si trabajas con un jefe negativo y criticón, un jefe

con esperanzas o actitudes negativas, es probable que tu desempeño no sea el mejor.

Si puedes mirar el curso de tu carrera laboral y has tenido la oportunidad de trabajar con un jefe que tenía expectativas positivas para ti y tus habilidades, estarás de acuerdo en que diste lo mejor de ti y lo disfrutaste más.

¿Cierto?

3. EXPECTATIVAS HACIA OTRAS PERSONAS. Esto es la expectativa que tú tengas sobre tu jefe, subordinado o responsable. Las personas nos vemos profundamente afectadas por las opiniones de cualquiera a quien respetemos, por lo que si tienes expectativas positivas sobre tu jefe o responsable actuarás para cumplir esas expectativas.

Con lo cual, siempre espera cosas buenas de los demás con hechos y palabras, diles constantemente a todas las personas que tengas cerca "CREO EN TI".

4. EXPECTATIVA DE TI MISMO. Esta es la más poderosa, ya que, si tienes expectativas positivas hacia ti mismo y siempre confías en ti, llegarás a sacar lo mejor de ti en todo lo que te propongas.

Te planteo un ejercicio muy poderoso.

Parece un ejercicio cursi, pero, créeme, yo lo practico todas las mañanas y te puedo asegurar que, cuando lo hagas, verás que al irte a dormir no podrás dejar de pensar en todas las ventas y cosas maravillosas que te sucedieron en el día. Te sorprenderás de cómo recibiste la llamada de aquel cliente que visitaste hace algún tiempo, cómo pensaste en algún cliente y de pronto te llegó alguna llamada, *email* o mensaje, y sentirás cómo los clientes comenzarán a confiar más en ti, y, sobre todo, sentirás cómo disfrutaste del día vendiendo y ayudando a las personas con tus productos. Tus ventas serán una serie de felices y positivas experiencias.

Recuerda.

Si Quieres Resultados Grandes Tienes Que Esforzarte A Lo Grande.

¡Ahora y a partir de YA! Todos los días antes de entrar en tu empresa, tienda o de hablar con un cliente, repite estas afirmaciones, dilas en alto y fuerte, muy fuerte, con firmeza, confianza y entusiasmo.

Es importante que sepas que, cuando repites una afirmación, activas todos tus poderes mentales y tu subconsciente acepta estas palabras como una orden, por lo que tu mente actuará para que sea una realidad y dirigirás y gestionarás mejor tus emociones, sintiéndote más positivo, alegre y entusiasta.

- YO PIENSO, VENDO Y AMO.

- YO SOY EL MEJOR VENDEDOR DEL MUNDO.

- MI PRODUCTO ES EL MEJOR DEL MERCADO.

- MIS CLIENTES ME VALORAN.

- YO SOY CAPAZ DE RESPONDER A TODA PRE-GUNTA QUE SE ME PRESENTE.

- YO SOY UN VENDEDOR PROFESIONAL.

- YO SOY FELIZ VENDIENDO.

- CADA DÍA EN TODOS LOS ASPECTOS SOY MEJOR, MEJOR Y MEJOR VENDEDOR.

- ME VALORO Y APORTO EL MÁXIMO VALOR A MIS CLIENTES.

- LOS PEDIDOS LLEGAN A MÍ COMO UN MA-NANTIAL DE INFINITA ABUNDANCIA.

- RECIBO PEDIDOS TODOS LOS DÍAS.

- ME ENCANTA VENDER.

- YO SOY UN VENDEDOR EXITOSO, ADORO A MIS CLIENTES Y NOS ENTENDEMOS CON CLARIDAD.

- AMO A MIS CLIENTES Y ELLOS ME AMAN A MÍ.

Estas son algunas que utilizo yo, puedes coger las que más resuenen contigo o, si bien lo deseas, puedes crear las tuyas propias.

Lo más importante es que lo hagas todas las mañanas.

¡SÍ, TODAS! También puedes repetirlas a lo largo del día, cuanto más las repitas más feliz y seguro te sentirás. Además, es justo a lo largo del día cuando más lo necesitas porque es cuando tu mente va a su ritmo, y si no estás habituado a tener pensamientos positivos esta siempre te va a llevar a los antiguos pensamientos negativos. Por eso la importancia de mantenerte firme en ellos durante el día. Al principio te va a costar, incluso te aconsejo que los lleves anotados en un papel o una libreta que puedas ver en todo momento. Somos criaturas de hábitos, y tú tienes el poder de dirigir tus pensamientos. Hazlo y en unos cuantos meses notarás cómo ya no tienes que forzarlo y así crearás un hábito nuevo de vida realmente saludable para tus ventas.

Recuerda que **la repetición es la madre de la retención**.

Los buenos hábitos son principalmente importantes para poder lograr las metas que te propongas. Como dice Og Mandino en su libro *El mejor vendedor del mundo*, somos esclavos de los hábitos que nos formamos y estos deben de ser, por lo tanto, buenos hábitos. Es muy importante que crees hábitos positivos y seas esclavo de estos. Ten en cuenta que los buenos hábitos te llevarán al éxito y los malos al fracaso.

¡Hazlo! Te vas a sorprender con los resultados de este cursi ejercicio.

III PASO
EL REFLEJO DE TUS CLIENTES.

Se dice que la profesión de vendedor es muy triste y solitaria, que un vendedor pasa mucho tiempo solo.

Yo pienso que el vendedor nunca está solo, siempre está acompañado por su sombra o su luz. Ambas cosas forman parte de nosotros, pero depende de ti a cuál de las dos quieras alimentar. Tú puedes decidir si quieres vender desde la sombra, lo que significa ir con malas intenciones, o, por el contrario, si quieres encender tu luz e ir dándole intensidad, es decir, **"vende bien y no mires a quién"**.

¿Qué decides? ¿Ser un vendedor que contamine o un vendedor que ilumine?

Ten presente que no hay enemigos, solo personas dormidas.

Piensa en una vela. Para que la luz de la vela perdure en ella tiene que alimentarse por su mecha, que está en su interior, a la vez que se va derritiendo y consumiendo, pero en ocasiones vienen corrientes de aire que intentan apagar su luz. Con la misma luz de esta vela puedes encender muchas otras velas, su misión es consumirse al servicio de la luz.

Ahora imagina que tú eres esa vela. Puedes encender tu luz, pero tienes que alimentarte desde tu interior, lo que significa conectarte con tu esencia, descubrir desde tu interior qué te está haciendo falta, cuidarte, mimarte, amarte, escucharte, aprender a conocerte, saber lo que quieres y cuál es tu misión en esta vida. Mientras lo haces, te estás consumiendo porque la vida pasa, y qué mejor manera de vivirla que alimentándote de luz, amándote y haciendo lo que amas. En el proceso de la vida y de tu profesión te encontrarás con muchas corrientes de aire que van a intentar apagar tu luz. Este papel puede ser llevado a cabo por clientes, amigos, compañeros, competencia, situaciones desagradables, etc., es más, cuanto más brilles, más corrientes habrá. De ahí la importancia de permanecer fuerte con la exigencia que has aceptado para mantener tu luz desde el interior. Cuando tu luz sea tan fuerte e intensa, te convertirás en un vendedor de sonrisa iluminada y no habrá corriente que pueda contigo, al contrario, contagiarás tu luz a todo aquel que se acerque a ti: clientes, familiares y personas que quieran mantenerse en el mismo estado. No obstante, también sentirás el rechazo de todo aquel que no pueda soportar tanta luz. Esta es tu misión, mantener la luz con tanta intensidad para poder proyectarla a tus clientes y al mundo.

Por otro lado, está la sombra de un vendedor, que es la de aquel que se aferra a una identidad falsa, una máscara, una coraza, fingiendo, tratando de aparentar. Estos vendedores van por la vida haciendo mucho ruido, queriendo llamar la atención y anteponiendo sus necesidades a las de los clientes, compañeros o cualquier persona por la que se sientan atacados. Cuando esto ocurre es porque hay miedos. En ocasiones este tipo de personas por fuera se ven aparentemente muy brillantes, pero su interior está oscuro, hay miedo a mirar en su interior, porque quizás dentro esté todo muy oscuro y desordenado. Esto también se puede ver en las personas y en su día a día, siempre están buscando algo para hacer, como ver televisión o fútbol, buscan estar en compañía, fiestas, adicciones, medicaciones, etc., pues no son capaces de hacer algo tan simple como quedarse solos, en silencio, meditar para conectar con su esencia, pararse, apagar el ruido de la mente para escucharse a uno mismo y conectar con el presente y su verdadero SER.

Pero...

¿Por qué algo tan simple como es estar solo es tan difícil y puede hacerte sentir tan triste?

Porque mirar en el interior puede ser doloroso, y quizás se encuentren con una montaña de escombros y tengan que ponerse a limpiar toda la suciedad que van tapando. Esto da mucha pereza, además duele y huele. Pero las personas no se dan cuenta de lo necesario que es hasta que llega el día en el que la montaña de escombros se desborda, ¡o no! Simplemente van por la vida con ese mal olor, hasta que mueren con él. Hay personas a las que les gusta vivir con el escombro, algunas lo intentan camuflar poniéndose perfume o maquillaje, pero el olor sigue estando ahí, se han acostumbrado al mal olor, ya no se huelen a sí mismas, pero los que están a su alrededor sí lo huelen.

Hablar de espiritualidad en el área de las ventas para mí es todo un reto y una gran misión porque la mayoría de vendedores y personas en este sector son muy escépticas y terrenales. No obstante, quiero destacar que las ventas no son otra cosa que un juego espiritual en el que, si tú te enfocas en dar desde el servicio hacia tus clientes, no ves clientes ni personas, sino almas, vendes con ética y valores, eligiendo ayudar y mejorarles la vida con el producto o servicio que ofreces, acabarás vendiendo más y ganando más dinero, porque lo que tú das vuelve siempre multiplicado. Pero no quiero convencer a nadie de nada, bastante tengo yo con convencer a mi mente, con mi trabajo interior, mis temores y mi lado oscuro. En ello estoy, porque todos tenemos sombras, repito, TODOS, y yo la primera.

De hecho, las personas más brillantes que conozcas son las que más han abrazado su propia sombra.

Lo único que intento transmitir bajo mi pequeña experiencia es algo positivo que he verificado y vivido y exponerlo a través de este libro por si puede ser útil y beneficioso para alguien; aunque sirviera solamente para una persona, ya estaría aportando algo de valor.

Sé lo que estarás pensando y puede que te creas que soy una vendedora de humo, eso se llama arrogancia y es totalmente normal porque todos los seres humanos tenemos miedo al cambio. Sé de lo que estoy hablando, ya he pasado por ahí, y cuando lo empecé a poner en práctica tuve que tragarme todo mi ego (tenía mucho), y sigo teniendo, aunque más saludable. El ego no es malo si lo sabes transmutar para lograr tener un ego saludable.

Cuando empecé con el crecimiento personal, mis primeras meditaciones fueron muy dolorosas porque no quería ver toda la basura que estaba en mi interior. Me costaba muchísimo concentrarme, y a la vez me parecía un poco locura. Al principio me sentí muy sola, por aquel entonces no podía compartir todo esto con nadie y, si alguna vez lo hacía, me encontraba con respuestas muy desagradables que lo único que hacían era meterme más miedo y retrasar mi crecimiento. Sé que lo hacían desde el amor y otro nivel de conciencia, por lo tanto, no podían entender más si ni siquiera habían experimentado los beneficios de la meditación, con lo que no me estaban ayudando en este sentido. A la vez todo fue liberador, por el camino fui entendiendo y encontrando personas maravillosas con las cuales podía expresarme, seguir limpiando mi escombro y crecer. A su vez, las personas que intentaban seguir depositando más basura en mí también fueron desapareciendo simplemente porque ya no vibrábamos en la misma frecuencia.

Pero ahora hay una muy buena noticia, y es que ya somos muchos vendedores libres mejorando el mundo de las ventas. Todo es respetable, debemos respetar el proceso de cada ser, y para ello pienso que los que no lo hacen porque todavía no les ha llegado su momento y no están en esta frecuencia vibratoria, es decir, que no creen o no quieren creer en la meditación, con todo respeto no deberían molestar a los que lo estamos consiguiendo, y así mismo debe suceder al contrario.

Quiero que pienses en esto: si todo lo que has hecho hasta ahora no ha funcionado, es decir, por ejemplo, estás harto de ver cómo se destruye el planeta, y, con ello, ves más personas sufriendo, vendedores desanimados, clientes timados, poco valorados y con poca confianza hacia ellos mismos, pero te digo que la responsabilidad de poder cambiar depende de uno mismo, que comienza por uno mismo, ¿lo creerías?

Muchos maestros, tanto actuales como históricos, lo venían diciendo, como, por ejemplo, la Madre Teresa de Calcuta, quien muy claramente en una de sus frases decía: **"No me invites a una marcha en contra de la guerra, si es a favor de la paz entonces iré"**. Lo que quería decirnos es que no sirve de nada manifestarnos en contra de algo, porque estaremos dándole energía, más bien enfoca tu energía a favor de lo que quieras conseguir, enfócate y ten pensamientos positivos sobre tus ventas.

Ya sé que estarás pensando: "Pero, en el mundo, y más en el de las ventas, no es todo tan bonito y positivo".

¡Ya!

¿Crees que vas a solucionar algo pensando de este modo?

Te cuesta lo mismo pensar mal que pensar bien, el esfuerzo y la energía es la misma, pero los resultados te aseguro que no. Por eso te digo que dejes de prestar atención a lo malo y te enfoques en lo positivo. Trabaja en ti, en vender desde el amor y aportar una gran labor y servicio comercial, no solo a tus clientes, sino al mundo, para, a continuación, expandirlo y que más personas puedan unirse, así es como se hace. De qué sirve quejarse de lo mal que está el mundo si luego no haces nada al respecto. Ábrete a nuevos conocimientos, puede ser muy liberador y beneficioso para ti. No se trata de luchar, se trata de empezar por ti, porque, si tú cambias, todo cambia.

Te cuento esto para que lo entiendas, y soy consciente de que no es fácil, aunque sí sencillo, es cuestión de comenzar por uno mismo. Para mí tampoco lo fue, pero vale la alegría y la recompensa siempre es mucho mayor de lo que esperas.

Amado lector, tú no tienes por qué esperar a que la basura empiece a rebosarte, ¡puedes decidir ya y hacerte el regalo de abrir la mente y el corazón para poder llegar más allá de las ventas!

Piensa en esto…

La única relación que mantienes es contigo mismo, por eso el primer paso tiene que ser el tuyo, el resto de relaciones son espejos donde te ves reflejado.

Esto quiere decir que si abres tu mente y tu corazón puedes aprovechar el vínculo con tus clientes, compañeros, jefes, proveedores e incluso con la competencia para tu transformación personal en el día a día con los escenarios que se te vayan presentando.

¿Cómo?

A través de la ley del espejo. Esta ley nos dice que, todo lo de fuera, las circunstancias de tu vida, es un reflejo de lo que está en tu interior, tu forma de pensar, tus creencias y paradigmas. Es decir, la causa de todo lo que experimentas en tu vida la creas tú, consciente o inconscientemente. Por lo tanto, no pienses ni hables mal de tu competencia ni de tus clientes, porque realmente estás hablando de ti, y, además, cuando hablas mal de tu competencia el que te escucha te asocia inconscientemente con las características que estás describiendo. Eso conlleva a que los rasgos negativos y la incompetencia se transfieran a ti. Lo que dices de los demás que te irrita y te enoja, es decir, lo que quieres cambiar del otro, es algo que no has resuelto de ti mismo y lo estás proyectando.

El enfado habitualmente es con uno mismo, pues es la proyección la que juega con nuestra mente, como si nuestra realidad fuese un espejo que nos devolviese la imagen que estamos proyectando.

Un buen truco que puedes aplicar en cualquier situación de juicio o cuando te encuentres hablando mal de tu competencia, compañero, cliente, empresa…, es pensar en el espejito de Blancanieves y hacer la pregunta mágica:

"Espejito, espejito mágico, ¿quién es el más…?".

El espejo siempre te va a reflejar algo que está en ti. Si eres honesto contigo mismo conseguirás verlo, lo que te ayudará a transcender el ego, hacerte consciente de lo que tú eres en realidad y te facilitará el recuperar el control de lo que está sucediendo en tu interior para poder hacerte cargo, trabajar en ese aspecto y corregir en ti lo que no te gusta de los demás. A medida que lo vas integrando, puedes probar a hacer lo contrario. Por ejemplo, si en alguna ocasión sale en la conversación el nombre de tu competencia, responde siempre de forma positiva.

Puedes decir algo como:

"Sí, conozco la compañía, está bien, pero creo que nuestros productos pueden ayudarte porque..."; y le explicas los valores y beneficios de tu servicio o producto.

¿Ves cómo de este modo estarás proyectando algo positivo a tu cliente?

¿Ves cómo cambiando tu enfoque puede cambiar el exterior?

Vamos a ver más ejemplos para poder aprovechar el espejo para tus ventas.

Cuando percibas que algo te molesta de tu competencia, cliente, compañero, proveedor, etc., puedes someterlo a examen. Con ello puedes hacer una lista con todas las cosas que te molestan. Probablemente no te des cuenta de que hay valores que estés menospreciando, de que hay cosas que tú también haces mal. Es decir, que ese aspecto que te disgusta de determinada persona o situación puede que esté en ti.

Ahora vamos a verlo al revés.

Observa las cosas que puedan molestar o han molestado en algún momento a tus clientes de ti.

Para poder verlo con claridad debes ser humilde, sincero y autocrítico contigo mismo. Tienes que saber que no somos perfectos, somos humanos, sabemos que nos hemos equivocado muchas veces, no pasa nada. Lo importante es ser empático, aprender, tomar conciencia sabiendo que no hay errores, sino aprendizajes.

Hay varios matices que tienes que tener en cuenta para poder ver con claridad lo que te puede estar reflejando la situación.

1. El reflejo puede ser sobre algo tuyo que no quieres ver o aceptar, lo que quiere decir que lo que te molesta de tu cliente es lo que tú haces, pero te cuesta verlo o aceptarlo.

2. Lo que te molesta es justo lo contrario de cómo eres tú, es decir, lo que te molesta del cliente, situación o competencia es todo lo contrario a lo que eres o haces tú.

3. Cuando quieres controlar o manipular la situación, es decir, manipulas al cliente o situación teniendo expectativas egoístas para que hagan o pasen como tú quieras que sea.

4. Cuando sin darte cuenta estás haciendo lo mismo. Estás actuando del mismo modo que la persona que tienes delante, ya sea cliente, competencia, compañero… Sabes qué te molesta de él, pero no te das cuenta de que tú haces lo mismo, y, además, no lo quieres reconocer.

Continuamos con más ejemplos para que puedas verlo con más claridad.

Te encuentras con un cliente con muy mala sombra, frustrado, parece que está enfadado con el mundo, grita a todo el que pasa por delante, y al dirigirse a ti te habla malhumorado, con esa simpatía que le caracteriza.

En este caso, lo primero que tienes que ver es que esta persona, a pesar de que tiene muy mala sombra, también tiene luz en su interior, pero no es consciente y no la trabaja, quizás sea un escudo que se está poniendo para protegerse de algo. Si esta persona pudiera ver en su interior y transmutar su sombra podrías ver que tiene un gran corazón.

¿Te acuerdas de la historia de la vela?

Pues piensa que él es una vela, pero está apagada.

¿Recuerdas tu misión como vela?

Aquí está tu trabajo, encender su luz y, de este modo, conseguir la venta.

Para ello es importante no juzgar. Piensa que está mostrando su sombra, pero tú puedes decidir cómo verlo, recuerda que es tu espejo y según lo que veas estará hablando de ti. Elévate por encima de su sombra y atráelo hacia tu luz, míralo con ojos de compasión, aunque esto no quiere decir que te tenga que dar pena. Lo que te digo es que entiendas que si esta persona está actuando de este modo es porque hay algo en ella que no está bien. Quizás sea un tema laboral, quizás personal, incluso probablemente ambos, pero no importa nada de eso, lo importante es que no permitas que amargue tu día. Si, por el contrario, puedes ayudarle y alegrárselo tú a él, mejor.

¡OJO! No te estoy diciendo que lo adores, que permitas que tehable mal ni tampoco que te quedes allí aguantando un sermón. Tú tienes que quererte, valorarte y poner tus límites. Solo te digo que lo mires desde otra perspectiva.

Es como un juego, diviértete con esto.

Recuerdo una frase que siempre repetía cuando era pequeña y algún niño se metía conmigo. Decía así:

"EL QUE LO DICE LO ES EN EL MUNDO AL REVÉS". Lo mejor de esta frase era que al decirla me sentía mucho mejor, era como soltar toda la impotencia que me producía aquel insulto y quedarme a gustito, como si no hubiera pasado nada, como si la frase hiciera un efecto rebote hacia la persona que me insultaba, y lo más maravilloso era que ya no volvía a pensar en ello nunca más.

Bien, ¿por qué no recuperar tu niño interior y jugar?

Un cliente, jefe de empresa, compañero, te ve como un simple vendedor, comienza a hablarte con aires de superioridad de su puesto de trabajo, su posición, su carrera, su estatus en la empresa, y todo esto con mucho ego.

Esta persona lo que te está mostrando es que no se valora a sí misma, te está diciendo todo lo que es, lo que tiene, dónde está. Sin embargo, lo que realmente te está diciendo es: "YO SOY todo esto, ¡VALÓRAME!, ¡QUIÉREME!, ¡NECESITO AMOR!".

Dime de qué presumes y te diré de qué careces.

No Vemos A Las Personas Como Son Sino Como Somos Nosotros

Confucio

Insisto, no lo juzgues, no sabes lo que esta persona ha podido pasar, las sombras que tiene detrás, y toma conciencia de que, si te molesta y despierta en ti algún tipo de sentimiento, te está reflejando algo que está en ti. Lo que juzgas en esa persona es un reflejo de lo que rechazas y reclamas de ti.

Voy a contarte una historia.

Estaba un día en una cafetería haciendo tiempo para entrar a una visita, y en la mesa de al lado había un grupo de chicas tomando su almuerzo, y entró un chico agradable de ver, trajeado, repeinado, hablando por el móvil. Se puso en frente de ellas, y yo por entretenerme un poco puse la oreja en plan cotilla… je, je, je.

Escuché cómo decían:

—Seguro que está casado y tiene hijos.

—Es un creído, seguro que tiene tres o cuatro mujeres.

—Parece que es vendedor y seguro que le está vendiendo la moto a alguien.

—¡Ainssss! Pues yo le diría algo, pero es demasiado guapo para mí.

Puedes ver cómo un hombre con traje (aquí el traje jugaba un gran papel) estaba haciendo de espejo a estas chicas sacando lo que cada una de ellas tenía en su interior, en su mente y en su corazón.

Lo que quiero que entiendas es cómo cada persona ve las cosas diferentes. Dependiendo de las creencias y mentalidad que tengamos, veremos de una misma situación una cosa u otra, lo que quiere decir que no vemos el mundo como es, sino como somos nosotros. Tú puedes ver a un cliente de una manera y tu compañero de otra, y los dos tendréis razón, vuestra razón. De ahí la importancia de tener una mentalidad adecuada para tus ventas, para poder sacar el mayor beneficio de ellas. Esto es lo que marca la diferencia entre los buenos vendedores y los mediocres.

Por otro lado, cuando quieras conocer a un cliente, compañero o vendedor, pregúntale por su empresa, su jefe, sus compañeros, y observa cómo lo que te cuente de ellos en realidad te lo está contando de él, es algo que está en él. Si lo escuchas atentamente podrás saber con qué tipo de persona estás tratando, porque lo que te hable de los demás solo son sus creencias, forman parte de él.

Yo lo tengo muy claro, habrá personas a las que les guste este libro, personas que lo lean y no les diga nada, personas que lo pondrán en práctica y les encantará y personas que lo criticarán, y todas tendrán razón, su razón, y todas estarán equivocadas.

Todo está bien, cada persona tiene su ritmo. La única que sabe quién soy, soy yo, solo yo. Sé por qué lo he escrito y para qué, nadie tiene ni idea de cuáles son mis basuras, lo que he pasado, lo que he vivido, mis miedos, mis luces y mis sombras; puedes hacerte una idea por lo que has leído, pero no lo has sentido.

Recuerda, nada sucede por casualidad. Así que si aún estás leyendo este libro es porque algo te ha resonado y ahora tus creencias son las que lo estarán interpretando como algo bueno o malo.

Lo Que Ves En Mí Está En Ti.

RESUMEN.

Un pequeño resumen de lo que hemos visto hasta ahora.

- Todos nacemos con una gran habilidad para vender, pero no nos enseñan a utilizar esta herramienta a nuestro favor.

- Aun así, todos somos vendedores y consumidores insaciables porque nuestras decisiones de compra son emocionales. Todos los seres humanos compramos por alguna insatisfacción o necesidad en nuestra vida, sea emocional, física, etc. Cada día compramos infinidad de productos, esto es algo muy bonito que nos lleva al hecho de reconocer cuánto nos necesitamos los unos a los otros.

- Hemos visto que todo en esta vida tiene un precio, pero que no necesariamente el precio que pagar es con dinero. Esto nos enseña a darnos el valor que nos merecemos y a saber que la vida es venta.

- Nos hemos conocido a través de mi historia de superación personal con la intención de que puedas confiar en mí, conociendo mi recorrido y el motivo por el cual la vida me hizo el regalo de ser vendedora. Además, ya sabes que, a través de mi experiencia en el área del crecimiento personal, la espiritualidad y los resultados de ventas, he escrito este libro para poder ayudar desde el amor a las personas y vendedores que estén dispuestos a ver las ventas desde otra perspectiva.

Todo ello sabiendo que yo no soy experta en ningún área, solo expongo mis vivencias para que al que le pueda ayudar así lo haga. Con el simple hecho de poder aportar valor a una persona ya estaré contenta.

- Ya sabes lo que simboliza ahora para ti tu profesión, has podido ver si con ella estás en tu propósito de vida, haciendo lo que amas, o, por el contrario, simplemente estás en un trabajo porque es lo que hay y ganas algo de dinero.

- Hemos visto el origen de las ventas y ahora ya sabes que es una de las profesiones más antiguas que existe, aunque no se reconozca como tal.

- EL VENDEDOR DE BOLÍGRAFOS es un cuento en el que hemos podido observar que puedes sacar lo mejor de tu interior y ser lo que tú quieras si así lo decides. Tú puedes tomar la decisión de ser un simple bolígrafo o sacar todo tu poder y escribir tu leyenda con letras de oro.

- Ya sabes que eres único, que no existe ni existirá un vendedor como tú.

Tú tienes el poder de cambiar tus resultados de ventas, y para ello hemos pasado por tres fases.

1. El victimismo.

2. Las creencias limitantes.

3. Ley del espejo en tus clientes.

- Con la historia del rey Pigmalión vemos la importancia de las expectativas que tenemos hacia los demás y viceversa.

El efecto Pigmalión nos enseña a fomentar el hábito de impulsarnos, ayudarnos, alabarnos los unos a los otros y sacar todo nuestro poder. Un gran líder de ventas no quiere seguidores, su objetivo tiene que ser el de crear un gran equipo de vendedores potenciales que crean en ellos, brillen y confíen en sí mismos, en sus productos y servicios; solo así podrán llegar a satisfacer a sus clientes y de la misma forma aportar lo mejor de ellos.

CAPITULO 3
VENDER CON AMOR ♡

Este es uno de los temas que más me apasiona porque fusiona las ventas y el amor.

Te estarás preguntando qué tienen que ver las ventas con el amor.

En realidad, son más similares de lo que parecen. Vamos a verlo.

Definición de amor:

El amor es un sentimiento, un vivo afecto e inclinación hacia una persona a la que se le desea todo lo bueno.

En las ventas tienes que generar ese sentimiento y crear confianza, enamorarte de tu producto y enamorar al cliente, ofrecer tus mejores productos, buscar una relación de amistad, detectar qué es lo que necesita tu cliente y ver cómo puedes ayudarle. Cuando demuestras a tus clientes que pueden confiar en ti y que no les vas a traicionar, recibes la satisfacción de haber creado una venta fructuosa y una relación tanto profesional como de amistad verdadera, y esto también es AMOR.

Las decisiones de compra son emocionales, como las del amor. La mayoría de personas piensan que compran por racionalidad, pero no es cierto, en el fondo buscamos las razones para sentirnos mejor, pero la realidad es que el proceso de toda compra es emocional.

¿Te suenan las frases "Ya que estoy" o "Total, por un poco más"? A todos nos ha pasado de ir a comprarnos algo y terminar comprando de más. Sabes que en realidad lo estás comprando porque te dejas llevar por las emociones y lo justificas con estas frases, entre otras cosas, incluso lo básico que ibas a comprar también lo estás justificando: "Porque me hacía falta", "Porque lo necesitaba", por lo que sea. Pero la realidad sigue siendo que la compra es totalmente emocional porque lo que realmente nos hace falta para vivir es muy muy básico. Lo mismo ocurre con el amor, no nos hace falta el amor de otra persona para vivir, nosotros ya somos amor, pero como lo queremos lo justificamos.

La forma en la que atraemos y seducimos al cliente tiene mucha relación con el proceso para enamorar a una persona.

Siendo así…

¿Le dirías a una persona en una primera cita: "EL ANILLO PA CUANDO"?

Sabes que hacer esto es una locura, y no solamente te garantiza una negativa, sino que, además, puede que te cierre las puertas de la relación.

De la misma forma vender necesita un juego de seducción en el que debes conocer y ofrecer lo que tu cliente busca, y enamorarlo de tus productos y servicios.

Voy a describirte el proceso por etapas.

ETAPA 1.
PRIMERA IMPRESIÓN.

La primera impresión define en gran medida la comunicación o la atención que tendrás con tu cliente.

Igual que ocurre en el amor. La manera de acercarte, presentarte o conversar es un factor que hará que la otra persona quiera saber más.

En una cita de amor puedes tener alguna manera original de presentarte, de romper el hielo, el lugar donde lo lleves, la atención que le dediques, la ropa que eliges… es importante lucir bien.

Los vendedores debemos cuidar con esmero la primera impresión que causamos ante un cliente, debemos cuidar el aspecto, los movimientos, la forma de hablar, de comunicar, de escuchar, etc. Tu presentación es muy importante.

En el avance de la lectura de este libro también veremos una técnica muy poderosa de presentación.

ETAPA 2.
EL ENAMORAMIENTO.

Las personas tendemos a ser cada vez más precoces, ¡lo queremos todo ya! Pretendemos establecer una relación íntima demasiado rápido con aquellas personas que nos interesa atraer. Pero antes de tomar la decisión de casarse, la pareja requiere de un proceso de enamoramiento.

Antes de pedirle a un cliente que te compre, el cliente necesita estar seguro de que tú eres la compañía, producto, servicio, marca y profesional correcto.

Por eso, antes de pedir la mano hay que invitar al cine, comer helado, cenar y conocer a la familia para crear confianza, afecto e inclinación, es decir, que tu pareja vea que eres la mejor opción.

En las ventas ese papel lo cumple, por ejemplo, el catálogo, las redes sociales, los artículos, la página web, las ferias y el producto o servicio que ofreces, del tipo "pruebe sin compromiso" o "garantía de satisfacción".

Buscar la conexión con tus clientes es un intercambio de energía, ¡está ahí! Disfruta de la amistad de la relación comercial, dedícale el tiempo que se merece, sé generoso, ofrece tus mejores productos.

Y, por último, saborea tus fracasos. Nuestras prospecciones de venta o de amor pueden no llegar a matrimonio, pero eso no te tiene que frenar para seguir disfrutando del inicio de la relación. La venta no siempre se produce en el primer momento, se puede prolongar y puede que se haga efectiva con el tiempo.

Como persona y como marca, conoces las características que te convierten en un vendedor buen partido (BP), pero, más que hablar de ello, necesitas demostrarlo en las dosis correctas para que sean más efectivas.

ETAPA 3
REGAR EL JARDÍN.

Como en las relaciones de pareja, el amor que no se riega todos los días acaba marchitándose.

Es sorprendente ver cómo muchos vendedores y grandes compañías se olvidan de sus clientes una vez han logrado la venta. Dedican más esfuerzo a atraer un nuevo cliente que a cuidar los que ya tienen, aun sabiendo que es mucho más costoso convencer a alguien que todavía no conocen que lograr ventas adicionales en clientes con los que ya mantienen una relación. Es como cuando tienes una pareja, no la cuidas y, cuando esta se cansa de la situación y te deja, entonces te das cuenta y es cuando le mandas el ramo de flores.

Como buenos vendedores debemos captar nuevos clientes, pero no descuidar a los que ya lo son, sino mantener su fidelidad, cuidarlos como se merecen, aportar lo mejor, ofreciendo lo mejor y las últimas novedades. Hoy en día, tanto en las relaciones como en los clientes, cuesta mucho encontrar la fidelidad, es un valor muy importante que estamos descuidando y desvalorando. **Cuida a tus clientes y a tu pareja cuando los tienes, no cuando los pierdes.**

Una poderosa herramienta para permanecer en contacto con los clientes y no permitir que la relación se marchite es no dejar de preocuparse. No necesariamente tienes que estar encima de ellos, ya que, si abusas de esto, también puede llegar a causar rechazo, pero puedes echar mano de las siguientes herramientas:

*Una llamada de saludo.

*Un *email* de presentación de nuevo producto.

*Una invitación a una feria.

*Una felicitación navideña.

Se trata de cuidar al cliente, igual que cuidas del amor en pareja.

ETAPA 4.
MONOTONÍA.

En las relaciones no hay nada seguro, por lo tanto, no puedes permitir que la monotonía se apodere de la relación.

El que alguien sea cliente hoy no garantiza que lo siga siendo mañana.

Hay que continuar haciendo méritos, mantenerse en forma, ser detallista y manifestar el amor de forma constante. Por eso es tan importante la etapa previa del enamoramiento. Si una pareja está contigo por algún interés especial, la posibilidad de que permanezca contigo durante un largo periodo de tiempo es menor. Si un cliente te compró solo por precio, la posibilidad de que permanezca contigo cuando el competidor le ofrezca un descuento es baja, por este motivo es importante ofrecerles valor añadido, demostrar tu amor. Debes saber que **lo que por precio viene, por precio se va**.

ETAPA 5.
CONFIANZA

Tienes que cortejar, que conozcan al detalle todo lo que puedes ofrecer y en qué les puedes ayudar, resolver con tu producto o servicio su problema. Hazles saber que si te comparan no van a tomar una mala decisión, que se sientan seguros.

La gran mayoría de marcas y grandes compañías con el afán de vender avasallan continuamente a la gente con anuncios, *emails*, folletos, llamadas a todas horas y a deshoras o publicidad directa al grano. Quieren vender sin generar la confianza y sin saber si lo que le están ofreciendo es realmente lo que el cliente necesita.

Hay que generar este amor, una relación basada en la confianza hacia el vendedor y hacia sus productos. Una vez generes este amor, puedes aprovechar la fuente que te brinda tu cliente para pedirle referencias. Si él está contento contigo sabe que alguien más podría estarlo también.

Puedes hacerle alguna pregunta como:

"¿Conoces a alguien que pudiera beneficiarse también de mi producto y servicio?".

Te aseguro que, si generas este vínculo, el cliente te responderá con el amor, respeto y honestidad que tú mismo has generado, incluso te encontrarás con casos en los que ni siquiera tendrás que pedirlo, el mismo cliente te recomendará y dará referencias sobre ti basándose en su propia experiencia.

ETAPA 6.
HASTA QUE LA MUERTE NOS SEPARE.

Tenemos que fidelizar al cliente, mantener la relación en el tiempo, pues es lo que nos va a generar mayor rentabilidad.

Esto nos lleva de nuevo a los curiosos casos de algunos vendedores o compañías que suelen descuidar lo que ya tienen para atraer a nuevos clientes, incluso ofreciéndoles descuentos que sus mejores clientes no tienen.

En el amor a veces pasa algo parecido, nos entretenemos con angelitos teniendo a la diosa en casa, ofreciendo y prestando más atención al recién llegado para tratar de convencerle que a la persona que ya nos ha entregado el amor por tanto tiempo.

No solo tienes que vender con amor, sino que además tiene que...

VENDER DESDE EL AMOR.

Ama tus ventas y tus ventas te amarán mil veces más.

Si puedes vender con amor entonces estarás dejando un impacto positivo en el mundo porque sabes que el valor que estás dando es mayor de lo que estás recibiendo. Vender con amor es vender porque te gusta, te apasiona y crees infinitamente en tus productos, compañía y servicio. Tienes que vender en todo momento, ser fanático de tus productos, hablar de ellos, día y noche, sin tener la sensación de estar trabajando, pensar en tus productos cuando te vayas a dormir, y cuando te despiertes por la mañana estar ansioso por salir a vender, porque confías en lo que vendes y sabes que puede aportar mucho valor a los clientes y al mundo.

Esto es el verdadero amor.

"Cuando Uno Entra En Este Negocio, Puede Vivir De Él. Pero Cuando El Negocio Entra En Uno, Puede Darse La Gran Vida".

Bryan Tracy

Dar es un poder, es la magia del amor, todo lo que das te lo estás dando a ti mismo, y la misión del vendedor es servir con amor. Cuando sabes que por lo que das al cliente te paga, sabes que lo que le estás dando vale más que lo que tiene que pagar, y no me refiero solo al producto, también a tu dedicación y tu tiempo. En realidad, vender es un lenguaje de empatía, tu cliente entiende que tus productos son buenos y quieres ofrecerle lo mejor.

Esto nos lleva a entender que el amor tiene que ser mutuo, es decir, que el cliente debe tener también empatía. Existen casos en los que el cliente no se deja asesorar, lo que significa que no se abre al vendedor, no se deja ayudar, además, muchas veces el cliente cree que sabe lo que quiere, pero quizás lo que quiere no es lo que necesita, y para eso está el vendedor. Lo que ocurre en estos casos es que, si el cliente no se deja y después la venta sale mal, o sea, no es lo que necesitaba, pero no se dejaba asesorar, la responsabilidad siempre es para el que se lo vendió. En estos casos yo pediría respeto hacia el vendedor, asumiendo cada uno su responsabilidad. Lo que quiero decir es que la humildad, el respeto y los valores tienen que cultivarse por igual, tanto en el vendedor como en el cliente.

Si vendes desde el amor serás mejor vendedor, porque puede ser que duden de tu producto, de tu discurso, de tu compañía o de tu apariencia, pero si detectan amor en tu corazón, es decir, si notan que eres buena persona y que lo que quieres es ayudarles, tendrás las ventas ganadas.

Siempre da el mejor servicio que se espera de ti, lo que siembres hoy es lo que recogerás mañana.

Cuando vendes conectándote desde el amor, sin darte cuenta transmites esa pasión a los clientes, porque el entusiasmo rezumará por cada poro de tu piel. De este modo, activarás la energía que un vendedor necesita. Esta profesión es extraordinariamente agotadora, son muchas horas de interacción con los clientes que te pueden dejar sin pilas al final del día, pero debes tener hambre por vender y estar enamorado y convencido de lo que estás vendiendo. Tu motivación inundará cualquier lugar en el que estés o cualquier grupo que lideres, y estarás proyectando este tipo de comportamientos emocionales que le dejarán claro al cliente que quieres trabajar con él.

Ama tu producto. Los vendedores de resultados son producto de su producto, lo usan, son sus fans y confían en él.

Si tú no amas tu producto y crees en él, ¿cómo pretendes que el cliente lo haga?

Ejemplo.

Si pretendes enseñarle a la gente cómo bajar de peso y cómo tener un cuerpo sano, ¿cómo debe de ser tu cuerpo?

Si pesas cien kilos de más, ¿tú lo comprarías?

¡JAMÁS!

No trates de vender algo que nunca hayas usado o no usarías, y así, si te preguntan si es bueno, podrás contestar:

"¡Claro que sí! Tengo doce en mi casa y justo hoy le he comprado uno a mi madre, otro a mi hermana y otro a mi hija".

¿Entonces comprarías? SÍ.

La venta más importante eres tú, a la primera persona que tienes que convencer y enamorar del producto es a ti. Tienes que creer profundamente en tu producto, servicio o compañía. Es muy importante porque sabes que realmente el cliente se va a beneficiar y tendrás más facilidad de convencerle.

¿Has vendido alguna vez algo que no creías que fuera particularmente bueno?

En el momento que un vendedor piensa esto de su producto, compañía o servicio, incluso de él mismo como vendedor, no podrá triunfar en el mercado porque la competencia es enorme y no será rival para un profesional que sí lo sienta. Debes tener confianza y seguridad en ti, en tus productos. Si a estas alturas del libro aún no crees en ti, tienes que actuar. Comienza a pensar, a hablar y a moverte como si ya fueras un vendedor superexitoso. Repítete antes de entrar en una visita, durante el día, por las noches, antes de dormir o por las mañanas nada más levantarte: "CREO EN MÍ, CREO EN MÍ, CREO EN MÍ". Cuando ves un vendedor que aparentemente transmite mucha seguridad, ¿qué piensas?, ¿qué te transmite?, ¿le comprarías? Tienes que saber que ese mismo vendedor no comenzó con esa seguridad, y quizás todavía ni la tenga, es una persona igual que tú y seguramente tenga también sus miedos. La diferencia está en cómo sepas tú gestionar esos miedos, no negándolos, sino reconociéndolos, sabiendo que están ahí, pero que no son malos porque están para enseñarte. El truco está en hacerte más fuerte que ellos, siendo consciente de que cuando lo logres superar la recompensa será en proporción a lo que tú estés dispuesto a ser y vencer para convertirte en ese vendedor seguro a pesar de esos miedos, que al final son los que te van a dar esa seguridad. Es más, si estás empezando y sientes miedo, te animo a que seas transparente y lo comuniques a tu cliente, porque igualmente él te lo notará, así que puedes decirle algo como:

"Mire, soy nuevo en este sector, pero empecé a trabajar con este producto precisamente porque lo experimenté en mí, me quedé tan satisfecho con el resultado que he decidido ofrecerlo para que todo el mundo pueda beneficiarse de él como yo lo hice". Si haces esto estarás transmitiendo seguridad a través de tu honestidad.

Si puedes amar lo que vendes, venderás mucho. Asimismo, también tienes que…

AMAR A TU CLIENTE.

Ama a tu cliente, mantén sus conversaciones, tus pensamientos en él, habla con tu cliente sobre él mismo, sobre sus dudas, sus problemas, necesidades, oportunidades, etc.

Alaba a tu cliente honestamente para que note que es valorado y se sienta muy bien. Puedes alabarlo por sus hijos, por su coche, por su puntualidad, por recibirte, por cómo se ve hoy, etc.; si admiras algo de él, díselo.

Cultivemos el hábito de levantarnos unos a otros.

Considero que este es otro de los valores importantes y necesarios, tanto para tus clientes como para tu equipo de vendedores. Las alabanzas y las aprobaciones tienen un tremendo efecto positivo para generar confianza y elevar la autoestima.

Para ello también es muy importante la...

GRATITUD.

Sé agradecido, cada vez que das las gracias a alguien su autoestima sube, cuanto más suba su autoestima se sentirá más positivo y receptivo. Siempre he sido muy agradecida, pero desde que soy consciente de los milagros que se crean todavía lo soy más y más, y doy las gracias y demuestro gratitud frecuentemente. Lo primero que hago nada más levantarme es dar las gracias por todo lo que ya soy, tengo y lo que está por venir (incluidos mis clientes), y agradezco el nuevo amanecer (ama al nacer) porque cada día es una nueva oportunidad y un regalo para "volver a empezar", nacer y renacer con cada nuevo despertar.

Al abrir los ojos en la mañana agradece y decreta el día, puedes aprovechar este momento para cambiar todo aquello que no te gusta. Si al principio te resulta incómodo porque sientes que no tienes nada que agradecer, cosa que es imposible porque solamente el hecho de estar vivo ya es una bendición y un regalo, de nuevo te digo que te mientas hasta que se haga real. En tu interior radica la mayor fuerza, el poder de transformar. Tú puedes cambiar tu realidad si así realmente quieres, deseas y visualizas.

Basta ya de ir por la vida como un barco sin rumbo definido y claro.

¡¡¡GRACIAS!!! Si sigues conmigo, gracias de corazón, porque para mí es importante que leas este libro hasta el final, pero, sobre todo, que lo apliques y obtengas los resultados que te mereces. Redescubre cada momento que te ofrezco en este libro, atesóralo y hazlo mágico.

Dar Las Gracias Es Sumamente Importante, Tanto En Tu Vida Como En Las Ventas.

Tú eres el arquitecto y asesor de tus días, de tu vida y de tus ventas. Tú mandas, tú puedes dominar tus pensamientos y dirigirlos hacia tus metas y objetivos. Todo lo que estás aprendiendo y las herramientas que te estoy dando se basan básicamente en un cambio de mentalidad hacia lo positivo, pero algo que en la teoría parece tan sencillo después resulta que en la práctica no lo es. Nos cuesta un infierno eso de ser positivos, y por mucho que nos esforzamos la mayoría del tiempo no lo conseguimos. Existen cosas externas a nosotros que nos hacen volver a esa negatividad, parece como que la sociedad quiera por algún motivo que nos mantengamos en esa emoción.

¿Es así?

Saca tu propia conclusión, pero independientemente de todas estas cosas externas a ti, las cuales están ahí, no tenemos una goma para poder borrarlas ni hacerlas desaparecer. No obstante, hay algo que sí que puedes hacer, y es intentar evitarlas no prestándoles atención, energía ni intención.

Es importante que sepas que tu cerebro está programado para ser negativo desde la época de las cavernas. En aquel entonces el ser negativo salvaba vidas porque para cazar necesitaban protegerse de los animales. No podían fiarse y acercarse a ellos con una mentalidad positiva como si fuera todo de color de rosa, porque, si hacían esto, el animal se los podía comer. Entonces nuestro cerebro se programó para ser negativos, desconfiados y cautelosos, pero esto no quiere decir que no hayamos evolucionado y que lo necesitemos hoy en día. Entonces considera que el ser positivo puede incluso estar en contra de tu naturaleza. Esta puede ser otra de las razones por las que nos cuesta tanto controlar esta emoción, pero definitivamente en cualquier cosa que quieras hacer debes tener el estado mental adecuado, y en el mundo de las ventas es fundamental mantenerse en un estado positivo.

Haz de tus días y tu profesión algo maravilloso, llena tu corazón de mucho amor, ponle amor y sé positivo con todo lo que hagas, y la abundancia, la luz y la prosperidad serán algo esencial. Asimismo, todo irá mejor para ti, para tu trabajo, para tus ventas y para todo lo que te rodea. Además, estarás aportando AMOR a todo el universo.

La gratitud y el amor tienen tanto poder que si los aplicas diariamente obtendrás los mejores resultados en tus ventas.

Desde que pasé por mi gran desafío, entendí que lo que pensaba que era una desgracia resultó ser todo un regalo para crecer, tanto personalmente como laboralmente, y encontrarme con mi pasión. Gracias a ello me he convertido en una mujer muy positiva y agradecida, tengo el hábito de dar las gracias a mis clientes de antemano cuando les mando alguna oferta, novedad, visita o primer contacto. Les doy también las gracias por la confianza depositada en mí y en mi compañía, por su atención, por su tiempo dedicado, por leer mi *email*, por su pedido, etc.

¡¡¡GRACIAS POR TODO!!!

Crea el hábito de agradecer incluso cuando no haya compra, los clientes se sentirán más comprometidos y agradecidos, es una excelente técnica de fidelización. Dar las gracias por anticipado es la manifestación de fe más grande que existe.

La fe es la certeza de lo que se espera, la evidencia de lo que aún no se ve.

Da las gracias por el camino antes de empezar con un cliente. La gratitud es un imán para atraer lo que se quiere. Aunque parezca una tontería y algunas personas no le den la importancia que realmente tiene, es la clave del éxito. Por ello desde pequeños una de las cosas que primero nos enseñan es a dar las gracias. Pero lo más importante es agradecer desde el amor, sin esperar nada a cambio, debe ser sincero para que así se perciba. Esta palabra tan sencilla tiene un gran impacto, tanto en quien las da como en quien las recibe, crea un gran vínculo entre personas, buenas emociones y buenas vibraciones.

Otra de las claves importantes para seguir vendiendo desde el amor es saber escuchar a tu cliente, porque escuchar crea confianza.

ANTES DE HABLAR Y SUPONER, PRUEBA A ESCUCHAR Y PREGUNTAR.

Si examinas tu propia vida, descubrirás que las personas con las que más te relacionas son las que más te escuchan cuando hablas, las que te dedican atención y se paran a escucharte. Escuchar sube la autoestima, nos sentimos mejor con nosotros mismos cuando sentimos que nos escuchan, porque cuando una persona nos presta atención significa que somos importantes para ella. Cada vez que prestamos atención a alguien estamos diciendo **"yo te valoro"**, y la persona se siente valiosa cuando habla con nosotros.

Un vendedor debe ser como un médico, que escucha primero a su paciente y luego le da la receta del medicamento que debe tomar. Debes ser consciente de la importancia de saber escuchar, deja a tu cliente hablar y escucha cómo él mismo te abre el camino a la venta, te irá guiando con sus palabras, solo debes estar atento. No te apresures en darle la respuesta ni te adelantes a querer hablar antes de escuchar. Deja hablar a tu cliente, observa cómo se mueve, crea la confianza para, a continuación, proceder a hacerle las preguntas necesarias, las cuales te llevarán a entender sus más íntimas necesidades de compra.

La habilidad que tengas de escuchar y hacer buenas preguntas está en ti, pero de ti depende que sepas aprovecharla.

La luz de una habitación está ahí para ser utilizada, pero si tú no le das al interruptor la luz no se encenderá. De este pequeño gesto va a depender que se ilumine esa habitación o se mantenga oscura, aunque haya electricidad. Así mismo ocurrirá contigo, tú decides si quieres encender tu bombilla escuchando y haciendo las preguntas necesarias hasta iluminar a tu cliente, o no. Recuerda siempre la importancia que tiene escuchar.

Existen muchos vendedores que se defienden muy bien hablando, y la comunicación es una herramienta muy importante para un vendedor, pero cada vez más el vendedor debe saber escuchar. **Algunos vendedores son capaces de oír, otros de escuchar, pero no oír nada**. He aquí uno de los problemas que experimentas en tu día a día. Debes practicar la escucha activa, aprender a oír no solo con los oídos, también con el cuerpo y con tus movimientos, practica el lenguaje no verbal.

En este momento puedes estar leyendo este libro, pero puede que quizás no lo estés entendiendo porque no le estás prestando atención, quizás ni has hecho los ejercicios. Puedes encontrar el camino a través de estas palabras, la oportunidad está aquí, pero la decisión una vez más es tuya. Lo mismo ocurre cuando escuchas a tus clientes, pero no oyes.

Date cuenta de la importancia que tiene escuchar con atención. Observa el impacto que produce en ti mismo cuando sientes que alguien te escucha y cómo las personas con las que más tiempo pasas son aquellas con las que puedes hablar y sientes que te escuchan y comprenden. Escucha a tu cliente antes de ofrecerle tus productos, averigua qué clase de persona es con la que estás tratando y lo que necesita.

Escucha Con La Intención De Entender, No Con La Intención De Responder.

TU IMAGEN.

Lo primero que ve el cliente de ti es a ti.

El vendedor es la carta de presentación de la empresa, asegúrate de dar una buena imagen, porque no hay segundas oportunidades para dar una buena impresión.

Hay que darle al cliente una impresión que sea impactante, y para ello podemos tener en cuenta estos tres aspectos:

1- Que seas una persona atractiva y agradecida influye en cualquier tipo de comunicación. Decir esto puede resultar un poco polémico, pero a la vez hay que ser realistas.

La primera impresión que una persona genera en otra impacta, comunica y, en la mayoría de los casos, crea en nuestra mente una idea preconcebida sobre la persona que tenemos delante (idea que en ocasiones es totalmente errónea). Y esto ocurre no solo en las ventas, también nos ocurre a nosotros con nuestros clientes, los juzgamos por la imagen física (vestimenta, peinado, olor); de modo que el físico influye en cualquier tipo de comunicación. Sin embargo, cuando te presentes a un cliente intenta mirarlo más allá de lo que es su imagen, conéctate con él desde el alma, háblale con amor. No lo juzgues, dale la espalda a la imagen. Si consigues hacer esto observarás cómo el amor se vuelve recíproco y proyectarás al cliente una emoción y energía tan especial, que entonces no solo te recordará por lo que le vendiste, sino por cómo le hiciste sentir.

En el mundo de los vendedores la imagen física es una herramienta más, es una manera de presentar tu primer producto: "A TI".

¿Cuántas veces te ha ocurrido de no comprar en una tienda, comercio o restaurante por la imagen que proyecta?

UNA IMAGEN VALE MÁS QUE MIL PALABRAS

2. Nuestra actitud frente al cliente también es muy importante, ya que por muy buena presencia que tengas hay pequeños detalles que pueden determinar el éxito o el fracaso de una venta.

Antes de tu presentación y la de tu producto, revisa tu actitud, tu expresión corporal, tu mirada, tu puntualidad y tu saludo inicial.

¡¡¡LA SONRISA ES LA CLAVE!!!

Da los buenos días al llegar con una SONRISA e incluye palabras amables como "por favor", "gracias a ti siempre", "¿serías tan amable…?", "me permite", "es un placer", etc. Si tú sonríes y eres amable generas una emoción positiva en la otra persona y eso será un buen comienzo.

Sé Un Vendedor De Sonrisa Iluminada

3. Nunca dejes de ser tú mismo, brilla con luz propia. La luz de tu estrella no debe estar solamente en tu exterior, sino además y, sobre todo, en tu interior.

No fuerces en exceso tu rol de vendedor, vístete adecuado a tus clientes, empresa y producto, pero siempre a tu gusto y con lo que te sientas bien. Ten una buena actitud, pero no pierdas tu personalidad. Sé educado y cuidadoso con tus gestos, pero sin obsesionarte.

En definitiva, debes sacar lo mejor de ti destacando tus mejores cualidades, siendo tú mismo.

¡ES HORA DE BRILLAR CON LUZ PROPIA!

Había una vez una estrellita que habitaba en los confines del Universo y a la que le daba miedo su propia luz. Se escondía y se esforzaba en ocultar su luz lo más posible, pero a veces se le escapaban unos destellos verdaderamente hermosos que el resto de seres del Universo contemplaban maravillados. Sin embargo, rápidamente la Estrellita se apresuraba a apagar la intensidad de su luz… En esos momentos se sentía muy avergonzada, como si estuviera haciendo algo mal.

Así pasaron los años y la estrella, por más que crecía, seguía obstinada en ocultar su propia luz por todos los medios... Un día llegó a oídos de su padre, el Sol, que una de sus hijas se negaba a brillar en todo su esplendor, como es propio de una estrella. Entonces el Sol dirigió su majestuosa mirada hacia la lejana estrella y quedó conmovido al contemplarla.

"Hija mía, ¿qué edad tienes?", resonó la voz del Sol por todo el Universo. "Sí, tú, hija mía, la que apenas te ves por tu ausencia de brillo". En ese mismo instante todas las estrellas miraron a la estrella que siempre se había negado a brillar.

Abrumada por la vergüenza y con voz casi inaudible contestó a su padre, el Sol: "Padre, tengo mil años".

"Más fuerte, hija mía, no te oigo bien desde aquí", le increpó el Sol. "Mil años, padre mío", volvió a responder la estrella, esta vez de forma más enérgica, pues no quería decepcionarlo. "¿Mil años y ya estás tan apagada? Pero si tan solo eres una jovencita", le dijo el Sol, que añadió: "¿Por qué, hija mía? Explícame y hazme saber por qué en tus mil años de vida te negaste a mostrar toda tu luz constantemente".

"Yo, yo…", balbuceaba la estrella. "Más fuerte", le volvía a manifestar el Sol. "Es que siempre he sentido que no me la merezco, no he hecho ningún mérito para lograrla, siento como si no me perteneciera realmente, y usarla se me hace como pretender aparentar algo que no soy, que no merezco. Respeto a todos mis hermanos y hermanas y no los juzgo, pero a mí siempre me ha parecido que usar mi luz es abusivo y denigrante para el resto de seres de este inmenso Universo y que carecen de luz propia".

Su padre, el Sol, quedó mudo por unos instantes, meditando todo lo que había oído de boca de la estrella. Al fin, el Sol decidió romper el místico silencio reinante en el Universo y dijo: "Hija mía, ¿te das cuenta de lo que estás queriendo decir? Das por sentado que los demás seres de este Universo, que carecen de luz propia, valen menos que una deslumbrante estrella, ¿no te das cuenta?… ¿Qué es lo que pretendes no brillando?, ¿no denigrar a los demás seres carentes de luz? Pues es justo de ese modo como lo consigues, en tu interior ya han quedado denigrados. Ellos no se sienten mejor por tu falta de luz, más bien al contrario, se apenan por ti y quedan compungidos preguntándose qué te pasará, qué será aquello que te impide lucir en todo tu esplendor. No, hija mía, empequeñeciendo no ayudas a nadie... La única que ha sido verdaderamente denigrada todo este tiempo has sido tú misma, negándote a aceptar tu verdadera y genuina naturaleza.

»¿Que no hiciste nada por merecerla dices? ¡¡¡NA-CER!!!, ¿te parece poco? Eres un milagro viviente, todo ser vivo lo es, tu luz te pertenece por derecho propio. TU LUZ ERES TÚ, y has vivido mil años sin ser tú, sumida en las sombras que tú misma has creado para opacar tu propia luz... y todo, ¿por qué? Por miedo a sobresalir, a sentirte poderosa, a sentirte plena y satisfecha contigo misma... Escúchame bien, hija mía, ¡¡¡NO HAY MAYOR ERROR EN LA VIDA QUE SENTIR-SE INMERECEDORA DE TU PROPIA LUZ!!!

Eso va totalmente en contra de las leyes naturales.

»Hija mía, sé consciente de quién eres, tu luz no es una posesión, ¡es quien Eres! Desdeñando tu luz solo consigues huir de ti misma. Te sentirás eternamente perdida, repitiéndote: '¿Qué hago aquí?', '¿A qué he venido?', '¿Cuál es mi misión en esta vida?'... Tu misión, hija mía, ¡¡¡¡¡¡¡¡¡¡¡ES BRILLAR!!!!!!!!!!!!!".

¿Te das cuenta, amado lector, de que no tienes que apagar tu luz ni dejar de ser tú mismo para ser un vendedor exitoso? Tampoco tienes que ser de ninguna forma concreta, simplemente brilla en tu propia estrella y sé lo que realmente eres. Siéntete tranquilo y seguro, y así permitirás que los demás puedan gozar de tu brillo único y especial. Contagia a tus clientes cada maravilla que tienes para compartir y los ayudarás con tus productos, porque ser vendedor es tu talento, el talento que Dios te ha dado es para ponerlo al servicio de los demás.

Tu misión es ser…

UN VENDEDOR DE SONRISA ILUMINADA.

Para ser un vendedor de sonrisa iluminada tienes que sonreír no solo con la boca, también con el corazón, tienes que brillar. Para esto vamos a ver una técnica muy rápida y efectiva de presentación.

¿Quieres brillar desde el primer minuto?

Vas a aprender una de las herramientas más directas para captar la atención en un máximo de sesenta segundos.

¿Por qué sesenta segundos?

Porque los clientes y emprendedores son personas que realmente no tienen tiempo que perder, valoran su tiempo como uno de los recursos más valiosos que tienen. Esto es muy importante y tienes que aprender a aprovechar cada segundo para impactar a tus clientes y cerrar negocios.

CAPÍTULO 4
ELEVATOR PITCH.
(DISCURSO DEL ASCENSOR)

El *elevator pitch* en español significa 'discurso del ascensor', y hace referencia al poco tiempo que dura un viaje en el ascensor (menos de dos minutos), tiempo que tienes que aprovechar para presentarte y despertar el interés de tu cliente por tu producto.

¿Te subes?

Imagina que estás en el mejor hotel del centro de la ciudad, te subes al ascensor y, justo cuando se va a cerrar la puerta, se sube una persona muy influyente, un millonario, el dueño de un gran banco, un famoso, un ministro, el dueño de unas grandes superficies de supermercado… Piensa en alguien que pudiera ser un gran cliente potencial para tu negocio.

¿Lo tienes?

Esta persona entra en el ascensor, se cierran las puertas y te quedas a solas con ella hasta el sexto piso, que es el que él ha marcado.

Tienes más o menos sesenta segundos.

¿Qué le dices?

¿Qué haces?

El 99 % de las personas mirarían los números del ascensor, nerviosas, sin saber qué decir ni qué hacer. Alguno más atrevido hablaría del clima o del último partido de la selección, y alguno aún más atrevido le pediría una foto o un autógrafo, cualquier cosa, pero nada que aporte valor a sus ventas en ese momento.

Entonces el ascensor llega al sexto piso, él se va, te da las gracias, se cierran las puertas y tú te quedas superilusionado por haberlo visto, pero al rato te vienen a la mente preguntas como:

"¿Le podía haber dado mi tarjeta?".

"¿Quizás si le hubiera hablado de mi producto le habría interesado?".

"¿Sería un buen cliente potencial?".

Conforme te vas cuestionando estas preguntas, poco a poco se te va poniendo cara de tonto porque te das cuenta de que no has sabido darle valor a ese momento.

No soy el hada madrina de Cenicienta, ahora bien, te diré algo muy importante, y si tienes en cuenta los conceptos básicos que a continuación te voy a dar es posible que consigas que esa persona inaccesible hasta entonces te haga un hueco en su agenda, te dé una tarjeta y puedas cerrar así una entrevista o reunión, en la que entonces sí tendrás que jugártelo todas a una carta para explicar con determinación tus productos.

El objetivo es que consigas atraer su atención en el ascensor para que te quedes en su mente. Ya sé que esto no es fácil y que estarás pensando cuántas personas como tú habrá visto en el día o cuántos vendedores le habrán ofrecido sus productos.

No importa nada de esto. Todas estas preguntas son de LA ANTONIA, tu mente. Dale la espalda y empieza a coger las riendas de tu vida, sé consciente de que todas esas preguntas las crea la mente, y su motivo es que no quiere que seas mejor vendedor.

¿Por qué?

Porque sabe que eso le va a suponer más esfuerzo y trabajo. Esto conlleva que la saques de su zona de confort, donde está cómoda y se siente protegida. Así que su misión es protegerte a ti y, cuando detecta algo diferente, lo toma como "peligroso" y empieza a actuar en consecuencia para que no lo hagas.

Una buena pregunta que te puedes hacer cuando detectes a LA ANTONIA es:

"¿Qué es lo peor que me puede pasar?".

En este caso que te diga que no, pero, aun así, tú ya habrás causado impacto en su mente. Además, un buen vendedor sabe que puede controlar el miedo al rechazo y no debe tomarse las negativas como algo personal, sino como una oportunidad para aprender y mejorar.

¿Te ha ocurrido alguna vez que has estado en una fiesta, una boda, un cumpleaños o un evento y has ido a la barra a pedir algo, se ha acercado una persona y has observado que tiene un buen perfil para tu producto?

¿Qué haces?

¿Qué le dices?

Sabes que no es el momento para entrarle directamente a hablarle de tus productos ni de sus beneficios, y mucho menos de precios. Sabes que tiene un buen perfil, pero no es el momento a no ser que él te pregunte.

Ante este tipo de situaciones tienes que ser sabio, inteligente y prudente para presentarte y decirle algo de una manera estructurada.

Vamos a ver cómo puedes actuar para que cuando te encuentres en estas situaciones consigas despertar el interés y al menos puedas conseguir su tarjeta.

Ya sabes que para ser un buen vendedor tienes que amar tu profesión, tus productos y tus clientes. Debes convertirte en un obsesionado de las ventas y de tus productos, pero también tienes que confiar en ti, en lo que vendes, y saber y entender que con ello puedes ayudar. Por eso tu deber y obligación moral es ofrecerlo en cualquier momento. Tatúate esto en la mente: si sabes que puedes ayudar y no lo haces, estás siendo un egoísta. Aunque estés fuera de tu horario laboral, no importa, tienes que vender o intentar dar la información por tu bien y por el de los demás.

Una vez interiorizado esto, vamos a ponernos en situación y practicar el *elevador pitch* con las siguientes preguntas.

"¡HOLA! ¿A QUÉ TE DEDICAS?".

Mi ejemplo:

"Soy Carolina, me encanta ayudar a las personas. Me dedico al mundo de las ventas, me apasiona el crecimiento personal y la espiritualidad. ¿Me dejas que te ayude?".

Normalmente, cuando hacemos esta pregunta, ¿qué suele contestar la gente?

"Soy comercial, ingeniero, electricista, cocinero, abogado", etc. Todo está perfecto, pero estos métodos son los habituales, lo que quiere decir que nuestro cerebro ya está acostumbrado.

Entonces, cuando escucha lo mismo de siempre, ¿el cerebro qué hace?

Dice: "No voy a gastar energía en algo que ya sé". ¡Y se cierra!

¿De qué manera podemos llamar su atención?

Nuestro cerebro funciona por repetición y alto impacto emocional. En este caso, debes conseguir causar un impacto que llegue directo al cerebro del posible cliente para que este escuche selectivamente.

Un ejemplo, si eres padre/madre, ¿recuerdas lo que estabas haciendo exactamente en el momento que nació tu primer hijo? Lo más probable es que sí, aunque siempre hay excepciones. Sin embargo, lo que quiero que veas es cómo nuestra mente recuerda perfectamente las situaciones en las que hemos sentido emociones muy intensas. Además, por ejemplo, las típicas frases que tus padres te repetían una y mil veces cuando eras niño también las recuerdas, seguramente hasta ahora de mayor se las repitas tú a tus hijos.

Pero… ¿cómo podemos captar la atención del cliente en tan poco tiempo?

En este caso, la repetición no es factible por el poco tiempo que tenemos. La idea es impactar con frases como:

- "SOY MANUELA, REGALO SONRISAS, SOY ODONTÓLOGA".

- "¿SABES QUE EN ESPAÑA SE SIRVEN MÁS DE DOSCIENTOS MILLONES DE PAELLAS AL AÑO EN ESTABLECIMIENTOS DE HOSTELERÍA?

SOY LUIS, ME DEDICO A LA HOSTELERÍA, Y MI ESPECIALIDAD SON LAS PAELLAS".

- "¿HAS RECIBIDO ALGUNA VEZ UN PRODUCTO ROTO O EN MAL ESTADO? ¿QUÉ SENTISTE? SOY CAROLINA Y TENGO LA SOLUCIÓN PERFECTA: VENDO EMBALAJE".

¿Lo ves? Tienes que definir quién eres y qué haces, porque una cosa es decir a qué te dedicas y otra cosa es definir quién eres y qué solucionas. La pregunta no es a qué te dedicas, sino…

¿Quién eres?

Si tú no te dices quién eres, alguien lo hará por ti. El corazón del *elevador pitch* es que sepas quién eres. ¿Qué te apasiona?, ¿qué es lo que te mueve?, ¿qué es lo que estás dispuesto a hacer para lograr lo que te apasiona?

Coge lápiz, escribe tu discurso guiándote por estas preguntas.

____

____

____

____

____

¿Lo tienes?

A partir de ahora dite quién eres, dilo en cualquier momento, a cualquier persona, en cualquier lugar. Esto tiene que ser como el carnet de identidad del vendedor, tiene que ir contigo a donde quiera que vayas.

Ahora levántate y... ¡grítalo! ¡Decrétalo! Haz esto para crear un impacto en tu mente, que se te quede grabado. Tienes que practicar mucho esta herramienta porque cuando empieces a ponerla en práctica aparecerán los miedos. Los dos miedos más comunes de los vendedores son: el rechazo y el fracaso. Esta herramienta va a activar esos miedos y temerás sentirte juzgado, no ser interesante para la otra persona, no ser capaz de decirlo, las etiquetas que otras personas te han puesto o te puedan poner, equivocarte, el perfeccionismo. Recuerda esto: no siempre vas a gustar a todo el mundo y tampoco tienes por qué hacerlo. El motivo no es porque lo hagas mejor o peor, simplemente es porque cada persona tiene sus propias creencias y es imposible que siempre coincidan con las tuyas. Pierde el miedo, sé tú mismo, y a quien no le guste que no te compre.

Vence estos miedos practicando mucho, haciendo presentaciones día tras día, sin darle importancia a que la respuesta sea positiva o negativa. Tienes que quitarte esas etiquetas y atreverte a exponerte ante las situaciones que te dan miedo, respira profundo y da el salto. Enfrenta tus temores, los miedos se vencen enfrentándolos. Tienes que saber que todo lo que quieres está al otro lado del miedo, así que cuando quieras algo y te dé miedo hazlo, aunque sea con miedo ¡HAZLO! Comprobarás que una vez lo hagas, crecerás de una manera en la que tu autoestima, confianza, amor y seguridad se incrementarán al cien por cien y, por añadidura, tus resultados de ventas crecerán contigo.

Es importante reconocer los miedos, hacerlos conscientes y enfocarte en encontrar las soluciones y en buscar situaciones donde puedas ponerlo en práctica para que reduzcan las situaciones de miedo.

Nunca Dejes Que Tus Miedos Sean Tan Grandes, Que Te Impidan Seguir Adelante.

Recuerda también que, cada vez que una persona te pregunta "¿A qué te dedicas?", te está dando una oportunidad, te está invitando. Tienes que aceptar esa invitación, aprovéchala. A partir de ahora cuando te pregunten no contestes simplemente diciendo tu oficio, dile quién eres y lo que mejor sabes hacer, díselo con pasión, transmítele esa pasión.

Si aprendes a utilizar esta herramienta, el *elevator pitch*, estarás comunicando de una manera diferente al resto de vendedores, una manera sencilla pero contundente y memorable. El cerebro necesita una llamada de atención rápida y sencilla.

Para continuar con el discurso, lo siguiente sería involucrar a la otra persona haciéndole preguntas, intentando encontrar cuál es su mayor temor o deseo que vaya en relación con tu producto o servicio. El miedo y el placer son las dos emociones por las que el cliente compra. ¡OJO! No utilices esto para manipular, eso no sería ético. Los valores de un vendedor de sonrisa iluminada siempre tienen que estar por encima de las necesidades. Lo que te digo es que, si tú sabes que realmente tu producto va a beneficiar al cliente, entonces debes de hacérselo ver, y la mejor forma es a través de estas dos emociones.

Mi ejemplo:

"¿Me dejas enseñarte mis técnicas para vender con consciencia, aportando el mejor servicio y amor hacia tus clientes, para vender con pasión, felicidad y entusiasmo y hacer de tus ventas tu pasión?".

Como ves, estoy utilizando el deseo de hacer de su profesión su pasión, mejorar su vida y la de sus clientes y ser feliz mientras vende.

Añade a tu discurso preguntas como:

"¿Sabías que las palabras 'YA LO SÉ' son uno de los paralizadores de tu mente para no salir de la zona de confort?".

En este caso, estoy utilizando el temor para que el cliente sepa que, si no sale de su zona de confort, no toma consciencia abriéndose a un cambio de mentalidad, y no podrá llegar a su objetivo.

Continúa tu discurso diciendo cómo lo haces. Mi ejemplo:

"Soy vendedora, me apasiona el crecimiento personal y espiritual, y me he formado con los mejores maestros y líderes en el mundo del crecimiento personal, las finanzas y las ventas".

Sigue con los beneficios. Mi ejemplo:

"En la lectura de este libro, vamos a pasar por un proceso de tres pasos, en los que aprenderás la mentalidad y estrategias para que puedas llevar tus ventas a un siguiente nivel:

1. Vencer el victimismo.

2. Cambiar las Creencias.

3. El reflejo de tus clientes".

Termina con una llamada a la acción, y cierra:

"Te invito a que leas mi libro y practiques los ejercicios, aprenderás la mentalidad y estrategias para que puedas llegar a ser un vendedor de éxito y obtener mejores resultados en tus ventas".

Repasa el discurso una y otra vez, cronométralo y practícalo.

Ten en cuenta que el discurso no puede sonar como un disco rayado ni como muy preparado, sino que debes presentarte acorde al momento y exponerte con naturalidad.

A continuación, vamos a seguir trabajando con otra herramienta muy importante que también debes tener en cuenta para brillar como vendedor. Esta tiene que ver con conocer las necesidades de tus clientes.

Para ello vamos a conocer la…

PIRÁMIDE DE MASLOW PARA TUS VENTAS.

Abraham Maslow fue un psicólogo estadounidense reconocido como uno de los fundadores y principales exponentes de la psicología humanista. En 1943 publicó la obra *Una teoría sobre la motivación humana (A Theory of Human Motivation)*, con la que obtuvo gran notoriedad no solo en el campo de la psicología, sino también en el de la empresa. Y es que Maslow realizó una jerarquía de las necesidades humanas en cinco categorías que, en gran medida, ayudaban y ayudan a entender el comportamiento de los consumidores a la hora de decidir sus compras.

Maslow jerarquizó las necesidades humanas en cinco categorías consecutivas y ascendentes, desde las más básicas a las más sublimes, y las visibilizó en una imagen, la famosa Pirámide de Maslow.

Las cinco categorías de las necesidades humanas según Maslow son:

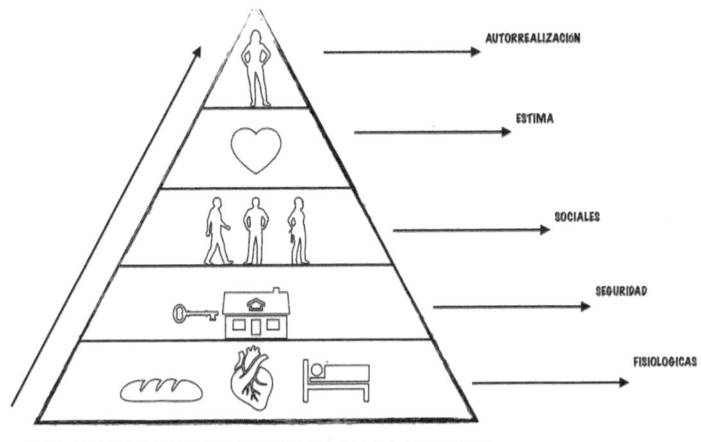

PIRAMIDE DE NECESIDADES MASLOW

1. Necesidades Fisiológicas. Son las necesidades primarias fundamentales para la subsistencia y reproducción de los seres humanos: comer, beber, descansar, evitar el dolor, dormir o practicar sexo.

Ejemplo: lo primero que necesitamos como seres humanos es respirar, comer, beber y dormir. Hasta no tener cubiertas estas necesidades, no podremos centrarnos en otras preocupaciones. Teniendo en cuenta esta necesidad primaria, el primer objetivo del vendedor es obtener un sueldo que mantenga cubiertas dichas necesidades para que su mente pueda enfocarse en trabajar para obtener más resultados y no parecer desesperado.

2. De Seguridad. Salvaguardar la integridad física personal y de la propia familia, de tu cuerpo, del hogar, de tu dinero y bienes, etc.

Ejemplo: una necesidad de seguridad es saber que tenemos un techo bajo el que dormir. Después de tener nuestro estado orgánico controlado, querremos cubrir este tipo de menesteres. La mayoría de personas se encuentran en este punto, trabajan por la seguridad de poder pagar la hipoteca y mantener a su familia. Como puedes ver en la pirámide, es un estado bastante bajo y muy triste, es duro tomar conciencia de ello, sobre todo teniendo en cuenta que un vendedor puede aspirar a vivir en la cima de la pirámide. La buena noticia es que ahora, que ya eres consciente, ¡puedes ir a por ello!

3. Sociales. Necesidad de ser aceptados socialmente en pareja, en familia, en el grupo de amigos, en los círculos sociales, etc.

Ejemplo: una vez tenemos un plato en la mesa y un techo bajo el que dormir, empezamos a preocuparnos por nuestras amistades y nuestro grupo de iguales. El compañerismo, el afecto entre otras personas y la intimidad sexual son claros ejemplos de este nivel. Mi recomendación en este caso es que mantengas relación de amistad con personas que te enriquezcan y no te cuezan. Más adelante te mostraré la importancia que tiene, y cómo puedes y debes comenzar a mantener relación con vendedores y personas empoderadas que te ayuden a superarte cada día y subir un escalón de la pirámide.

4. De estima. Necesidad de ser reconocidos por nuestro trabajo, de ser honrados, admirados, premiados, de tener reputación o fama, pertenecer a un estatus social, etc.

Ejemplo: a los seres humanos nos resulta prácticamente imprescindible el hecho de que alguien nos aprecie y valore nuestros actos. Además, fortalecer las bases de la autoestima es primordial para lograr un correcto equilibrio mental. Una empresa o líder de un equipo que reconozca, no solamente en privado, sino también en público, tus logros. Creará que en ti se despierte el gran potencial que tienes, porque estará reconociendo tu esfuerzo y dedicación que sabe que como vendedor has puesto para llegar a los objetivos marcados. Así mismo lo harás tú con las personas y compañeros que te rodean.

5. De autorrealización. Es la necesidad psicológica más elevada del ser humano. Se halla en la cima de las jerarquías y es a través de su satisfacción que se encuentra una justificación o un sentido válido a la vida mediante el desarrollo potencial de una actividad. Se llega a esta cuando todos los niveles anteriores han sido alcanzados y completados, al menos, hasta cierto punto.

Ejemplo: cuando finalmente nos sentimos a gusto física y mentalmente, somos capaces de dirigir nuestros esfuerzos hacia metas más elevadas. El desarrollo personal y humano se completa llegando a satisfacer este nivel. Un ejemplo de vendedor que ha llegado hasta este extremo de la pirámide es aquel que tiene todas sus necesidades cubiertas y dedica gran parte de su tiempo al altruismo, a las labores sociales, a ayudar a otros vendedores a llegar a donde él ha llegado, por medio de cursos, libros, conferencia, etc. Asimismo, se dedica a mantener viva la llama para su propio crecimiento personal y espiritual.

Es importante que entiendas la pirámide porque con ello estarás adquiriendo habilidad para identificar con precisión el lugar donde tu te encuentras y las necesidades de tu cliente. Si no lo logras, es más fácil que el proceso de venta se detenga. Debes entender que **la gente compra por sus necesidades, no por las tuyas**.

Para ello, cuando estés frente al cliente tómate el tiempo que sea necesario, haz tantas preguntas como sea posible y escucha con atención suficientes respuestas. Todo ello te permitirá entender las necesidades más intensas que tiene tu posible cliente y detectar más rápidamente si tu producto o servicios pueden satisfacer sus necesidades. Debes saber que a tu posible cliente no le importa tu producto, solo le importa lo que hará por él.

A partir de ahora, cuando estés delante de un cliente, imagínate que te hace esta pregunta:

"¿Qué puede ofrecerme a mí tu producto o servicio?".

Voy a darte unos ejemplos claros que utilizan estas conocidas marcas para que observes la forma tan sencilla que utilizan de vender conceptos y no productos.

¿Qué vende Coca-Cola? FELICIDAD.

¿Qué vende Apple?

ESTILO DE VIDA (piensa diferente).

¿Qué vende Mercedes? LUJO.

Y ahora dime:

¿Qué vendes tú?

Piensa qué necesidad cubres tú con tu producto o servicio. Por supuesto no depende de ti cubrir todas las necesidades, sino detectar cuáles tiene cubiertas tu cliente y cuáles no, así como detectar cómo puedes tú ayudarle a cubrir esa necesidad con tus productos y hacerlo en el momento indicado. Si solo vendes por funcionalidad, tendrás que competir por precio, pero si te centras un poco en las necesidades puedes darle un valor añadido y defender tu producto.

Existen algunos conceptos importantes que quizás deberías de tener en cuenta, y es que, cuando la compra es decidida por una sola persona y para su consumo o uso personal, es más efectiva, es decir, más fácil detectar la escala en la que se encuentra dentro de la pirámide. Por el contrario, una venta industrial, donde la adecuación, la sinergia con otros equipos o servicios y la razón están por encima de los gustos personales, este concepto pierde efectividad.

Amado lector, ya estamos casi en el final del libro, y vamos a terminar con broche de oro, así que te pido un último esfuerzo porque…

LO MEJOR SIEMPRE ESTÁ POR LLEGAR.

Para que todo lo que hemos aprendido en este libro funcione a la perfección, vamos a activar la ley de la atracción del universo para tus ventas.

¿Cómo?

CREANDO UNA VISIÓN.

Coge lápiz.

Haz una lista de cincuenta metas que quieras lograr en tu vida profesional (ventas) y en tu vida personal. Parecen muchas, pero piensa y anota las cincuenta. Esto es muy importante porque al principio anotarás las que tu mente tiene controladas, pero las más importantes tienes que arrancárselas a LA ANTONIA, porque ya sabes cómo funciona, y no va a querer dártelas así de fácil. Aunque te cueste dos días anota las cincuenta, no tengas prisa por terminar, piensa que estás creando los resultados para tus ventas y tu vida. Ya te avisé de que este no era un libro solo de lectura, tómatelo con calma, ¡pero hazlo!

Para que funcione, las metas tienen que ser claras, específicas y en presente. Para eso puedes utilizar las preguntas "¿por qué?" y "¿para qué?".

Por ejemplo, en lugar de decir "VOY A SER UN VENDEDOR EXITOSO", es mejor decir "VOY A GANAR 6.000 EUROS AL MES HACIENDO LO QUE AMO, VENDIENDO MIS PRODUCTOS AL MÁXIMO NÚMERO DE PERSONAS, AYUDANDO Y AMANDO A LOS DEMÁS A TRAVÉS DE MIS PRODUCTOS O SERVICIOS, DANDO LO MEJOR DE MÍ, APORTANDO EL MEJOR SERVICIO, CON COMPROMISO Y BUENA FE".

Incluye en la declaración lo que te comprometes a hacer a cambio de lograr la meta, con esto activarás la ley del dar y recibir. En este caso, el compromiso es ayudando a los demás, aportando el mejor servicio y buena fe.

¿Lo tienes?

Si quieres vender a lo grande, tienes que pensar en grande. Escribe cómo quieres verte tú como vendedor, tu forma de comunicarte con los clientes, tu estilo personal, tu imagen, las personas de las que te quieres rodear, qué quieres lograr, qué quieres tener, etc.

Mientras estés escribiéndolo gózalo, tómatelo como un juego y diviértete con el proceso. Permítete tu tiempo y hazlo bien, siéntelo como si ya lo hubieses logrado. Para hacerlo más intenso te recomiendo también hacer un *collage* con imágenes que te hagan recordar constantemente tus metas y colocarlo en un lugar visible, de esta forma mantendrás viva la llama del deseo.

____

____

____

____

Amado lector, hace tres años hice este ejercicio y, a día de hoy, te puedo confirmar que todas las metas que escribí e imágenes se han cumplido tal cual. Al escribirlas estás mandando una orden a tu mente subconsciente, la cual comenzará a detectar más fácilmente las oportunidades que harán que te acerques cada vez más hacia tus metas. Es cierto que no solo por escribirlas se van a cumplir, después tú tienes que hacer tu parte, tomar acción masiva todos los días y salir a vender con pasión. En el momento que veas una oportunidad no la desaproveches, tienes que convertirte en un buscador de oportunidades y hacer tu parte para que se cumplan. Por mi parte te voy a dar todas las herramientas que yo he utilizado. En este libro ya te he dado algunas, el resto las irás viendo en mis siguientes libros y contenidos gratuitos que iré subiendo a las redes sociales, pero tienes que comprometerte contigo mismo, es tu vida, son tus ventas, conviértelas en tu pasión y disfruta del proceso.

MUY IMPORTANTE. Todas las metas deben tener fecha para su cumplimiento.

¿Qué es lo que te hace cumplir un sueño?

Lo Que Te Hace Cumplir Un Sueño Se Llama Fecha.

Para ello vamos a comenzar por las:

METAS ANUALES.

Piensa en las cincuenta metas de la lista anterior.

¿Cuál te gustaría cumplir este año? Escríbelas, esta será tu lista de metas anuales.

____

____

____

____

____

METAS SEMESTRALES

Para el cumplimiento de tus metas anuales vamos a dividirlas en seis meses.

¿Cuáles te gustaría avanzar y cumplir en seis meses? Escríbelas, esta será tu lista de metas semestrales.

METAS MENSUALES

Las metas del primer semestre divídelas por meses. Concéntrate en cada mes, y lo mismo con el segundo semestre.

METAS SEMANALES.

Divide las metas de cada mes por semanas, concéntrate en las semanas.

En este paso te recomiendo que empieces a crear horarios.

METAS DIARIAS.

Finalmente, planifica tus días. Cada noche antes de irte a dormir planifica tu día siguiente (también puedes hacerlo por la mañana, como mejor te venga). Planificarte todos los días te ayudará a pensar y concentrarte en las cosas que debes hacer para llegar a cumplir tus metas. Todas las personas de éxito, líderes y grandes vendedores planifican sus metas por adelantado. Pero no lo hagas solamente con las metas que te marca tu empresa, sino con las tuyas propias. Esto es como tu ruta hacia el éxito, es tu GPS, el que te va a permitir conocer el camino de antemano para cumplir con tus metas y avanzar con más seguridad, y lo que hemos hecho es dividir las metas en el transcurso del año para así poder saber el camino que debemos tomar todos los días.

EJEMPLO

QUIERES 36 CLIENTES NUEVOS AL AÑO.

36 DIVIDIDO ENTRE 12 MESES = 3 CLIENTES AL DÍA.

Regístralo en tus metas diarias y planifícatelo con horario para ponerlo en acción.

____

____

____

Ya has escrito tus metas, ya tienes tu planificación anual, semestral, mensual, semanal y diaria.

¡¡¡¡¡FELICIDADES!!!!! Ahora llega tu regalo.

PEDIDO DE VENTAS AL UNIVERSO.

Si has llegado hasta aquí significa que eres especial, vas por delante del resto. Todo lo que estás haciendo es lo que va a marcar la diferencia respecto a otros vendedores, serás un ejemplo a través de tus resultados.

Solamente con llegar hasta aquí y hacer todos los ejercicios estarás activando la ley de atracción, y esta ley dice que, cuando tú haces tu parte, el universo hace la suya.

Vamos a hacer tu pedido de ventas al universo.

"Cuando Tú Sabes Dónde Vas El Universo Te Abre El Camino".

Enric Corbera

Pedido de ventas Universales.

CLIENTE. (tu nombre completo)

FECHA DE PEDIDO. (fecha en la realizas el pedido)

FECHA DE ENTREGA. (Fecha en la que se cumpla)

CANTIDAD	DESCRIPCIÓN (describe tu pedido)

Rellena tu pedido, PIDE Y SE TE DARÁ.

A lo largo de este libro has cambiado los pensamientos, es decir, has hecho una parte, y con este pedido vas a dirigirlos hacia lo que tú quieras lograr. Has cambiado la frecuencia y el universo captará la nueva y te la devolverá con imágenes y manifestaciones en tus ventas y en tu vida, pero para acelerar el proceso y transmitir una frecuencia más poderosa tienes que utilizar tus sentimientos.

Debes aprender el lenguaje universal, es decir, saber cómo hablarle al universo para que comprenda tu pedido.

¿Cómo?

Pues de la misma manera que te comunicas contigo y con las personas.

Piensa en esto:

Cuando ves a una persona y le dices "qué bien te veo", pero tu interior sabe que esto no es cierto, esa persona puede que se lo crea o puede que intuya que estás fingiendo.

Al universo no puedes engañarlo, es muy sensitivo y tiene capacidad de ver siempre lo que hay detrás de nuestras palabras y emociones. Lo que quiero decir es que tienes que sentir, ser coherente y claro con lo que pides, pues todos los pedidos son escuchados y concedidos. Si no te llega el pedido puede ser que no estés siendo coherente y puede que te responda entregándote más de lo mismo de siempre o lo contrario a tu pedido.

En este caso, analiza tu pedido.

Una vez hecho y entendido todo el proceso, guarda tu pedido y olvídate de él, esto servirá para quitarle exceso de importancia. En la vida todo es equilibrio, todo tiene una gestación, y si estás pendiente de que algo ocurra le estarás dando demasiada importancia y bloquearás el proceso.

También es muy importante la intención que tengas sobre lo que pidas, es decir, si tu pedido procede desde el ego, "es egoísta", o es de corazón.

Por ejemplo, no es lo mismo pedir aumentar mis ventas un 50 %, lo que me permitirá ayudar y llevar mis productos o servicios a cuantas más personas mejor, aumentar mis ingresos para seguir formándome, llegar a ser un vendedor exitoso y ser un ejemplo para todos los vendedores, que pedir aumentar mis ingresos para quedarme en casa viendo la tele. Puede que te llegue, pero créeme que en menos de un mes estarás igual o peor de lo que estabas, y encima terminarás maldiciendo las ventas. Por eso hay que tener mucho cuidado con lo que se pide, el universo es muy generoso y después vienen los arrepentimientos, así que apunta todo al detalle y hazlo desde el corazón. Si te equivocas no pasa nada, aprenderás y se te darán más oportunidades. Siempre hablo desde mi experiencia, a mí me ha ocurrido el pedir algo y darse tal cual, pero después pensar: "¡Esto está incompleto!". O darme cuenta de que no es lo que quería, y es que, claro, entendí que muchas veces las personas tememos pedir porque no nos creemos merecedoras, y cuando pedimos lo hacemos desde el ego, entonces igual que viene se va o nosotros mismos lo rechazamos. Créete siempre merecedor de todo y antes de pedir hazte esta pregunta: "¿Esto perjudica a otros seres?", "¿Puedo beneficiar a alguien con este pedido?".

GRUPO DE VENDEDORES COMPROMETIDOS.

MUY IMPORTANTE.

Si ya has tomado la decisión de ser un vendedor exitoso, vamos a crear un grupo de vendedores comprometidos.

¿Has oído alguna vez el dicho "DIME CON QUIÉN ANDAS Y TE DIRÉ QUIÉN ERES"?

Es totalmente cierto, vibraciones similares vibran juntas, lo que quiere decir que tus pensamientos y emociones emiten una señal y las personas con las que más tiempo pasas están emitiendo la misma.

Dicho de otro modo, en el universo nada reposa, todo se mueve, es decir, desde el TODO como principio creador, hasta la materia, todo es vibración. Todo es energía que sintoniza con aquellas variables de la vida que emiten la misma señal y son atraídas entre sí por ley de atracción.

Pero...

¿Cómo sé qué vibración emito?

Si tienes un pensamiento, este emite una vibración, este pensamiento desencadena una emoción y esta otra vibración.

Nuestros pensamientos y emociones están conectados, uno desencadena el otro y viceversa.

EJEMPLO:

Si yo digo la palabra "VENTAS", cualquiera de nosotros solo de pensarla emite una vibración, y este pensamiento será positivo o negativo, depende de tus creencias y tus experiencias.

Es inevitable emitir una vibración, aunque no seas consciente de ello, es así. Entonces, si todo en el universo vibra, dependiendo de la frecuencia que sea predominante en ti, la que emana de tus pensamientos y emociones, es lo que va a empatizarse contigo.

Así de simple.

Generalmente no somos conscientes de lo que esto significa, simplemente porque no lo podemos ver, pero como decía Albert Einstein: **"Ni todo lo que existe se puede demostrar, ni todo lo que se puede demostrar existe"**. Nuestros pensamientos atraen una vibración igual, situaciones, personas, trabajo, dinero, salud, etc., y lo hacemos por defecto.

Si reflexionas sobre esto, entenderás la importancia de por qué pertenecer a un grupo de vendedores con similares objetivos, iguales vibraciones y desarrollo en el crecimiento profesional y personal en el mismo proceso donde tú te encuentras ahora o donde quieres llegar. Y todo ello cambiando también tus pensamientos, tomando acción, inspirándote para llevar a un siguiente nivel tus ventas y lograr tus objetivos con todo lo que estás haciendo gracias a este libro y sintiéndote acompañado en este proceso.

Ya sabes que el primer cambio empieza por ti y por tu mentalidad. Con todo el cambio estás aumentando la vibración, y solamente leyendo y haciendo los ejercicios de este libro ya estás reacondicionando tu mente, ya que estás leyendo y pensando en palabras de más alta vibración. Ahora también sabes que tu interior refleja tu exterior, por eso tu entorno tiene que cambiar.

Uno de los problemas que tuve yo cuando me comprometí a cambiar fue mi entorno. Mi vibración cambiaba, estaba cada día más comprometida, mi nivel de energía era superior, pero me di cuenta entonces de que la sociedad no estaba comprometida con todo esto y me sentía sola, y, sin ser consciente, volvía a bajar el nivel a la altura de las circunstancias, y esto lo único que hacía era alargar el proceso.

Este es el motivo por el cual no quiero que a ti te pase, tú no tienes que permitir esto, tus sueños deben estar por encima de todo.

Para que esto no ocurra, voy a crear el grupo de vendedores comprometidos, un grupo donde todos los miembros miremos en la misma dirección y nos comprometamos con nuestras metas en las ventas, un grupo de personas que hayan leído este libro. Sabremos que están comprometidas porque habrán generado una vibración de energía con un mismo patrón de crecimiento, basándonos en todo lo que hemos aprendido, con la misma base creada, desarrollada y experimentada en este libro, es decir, nos entenderemos "hablando el mismo idioma".

El grupo creará un filtro natural de personas comprometidas. Todos los miembros de este grupo sentirán que la adquisición de este libro no ha sido un gasto, sino una inversión.

En el grupo, estudiaremos el libro, compartiremos ejercicios, técnicas de ventas, anécdotas, nos impulsaremos los unos a los otros a vender con valores, ayudándonos entre nosotros. Además, podemos generar sinergias para nosotros y con nuestros clientes y así aumentar nuestra cartera, conocernos, exponer cada uno nuestros objetivos, etc.

Con esta nueva energía del grupo ya no te sentirás solo, estarás acompañado de vendedores que piensan como tú.

Ya sabes que algunos vendedores pasan mucho tiempo solos y en alguna ocasión se juntan a tomar café con algún compañero, y he podido observar que, en bastantes ocasiones, el tema de conversación suele ser negativo. En estas conversaciones se suelen escuchar frases como: "Está todo vendido", "Hace calor", "Hace frío", "La competencia…", "Voy a ver si hay suerte", etc.; entrando en un bucle cargado de energía negativa que nos absorbe y no nos permite avanzar hacia nuestros objetivos.

Esto es lo que tenemos que evitar en el grupo, trabajaremos para que el objetivo sea este, hacer totalmente lo contrario: impulsarnos y motivarnos con ganas e intención para lograrlo.

¡Únete a este sueño!

Dejar un mundo de vendedores comprometidos, abundantes y felices, vendiendo y ayudando a los demás con sus productos, haciendo de su profesión su pasión.

Sé que al principio puede resultar algo fantasioso e incómodo, pero nada más lejos de la realidad. La satisfacción de conseguir las ventas a través de este cambio de energía te cambiará la visión de la vida y atraerás muchas más ventas con placer profesional y personal, cambiando tu filosofía de vida.

¡Nunca dejes de soñar!

Solo tienes que salir de tu zona de confort y ponerte ahora incómodo, vender tiene que ser tu obsesión, déjate la vida en ello si es necesario. Haz ahora lo que nadie hace para después vivir como nadie puede. Ahora tienes energía y vitalidad, aprovéchala.

¿Sabes?

Cuando me junto con vendedores ya retirados o a punto de retirarse siempre me dicen lo mismo:

"Si yo fuera joven volvería a elegir esta profesión, me formaría y me implicaría para vender más que nadie, disfrutaría al máximo del arte de vender".

Tú ahora estás en el punto donde estaban ellos hace años, pero pronto tu vida habrá terminado y te preguntarás:

"¿Qué hice con este regalo que se me dio?".

"¿Lo aproveché al máximo?".

¿Te has dado cuenta de lo rápido que pasa el tiempo?

¿Qué vas a hacer para acercarte a tus sueños y cambiar todo lo que no te gusta de tu vida y tus ventas?

Hay una frase de Buda que dice:

"EL PROBLEMA DE LA HUMANIDAD ES QUE SE CREE QUE TIENE TIEMPO".

No existe el tiempo adecuado para empezar, solo existen oportunidades perdidas.

HA LLEGADO EL MOMENTO DE ELEGIR… ¿TE COMPROMETES?

¡LO QUE DAS VUELVE A TI MULTIPLICADO!

Si te ha gustado este libro y crees que puede ayudar a otras personas, si te has sentido identificado con estos principios, si te ha dado paz, si crees que has aprendido algo útil para tu vida y tus ventas, si te has sentido más feliz, si te ha inspirado… si has sentido algo de esto en algún momento del libro y quieres ayudarme de corazón, entra en la página de Facebook: Carolina Rodrigo Fuentes, *PIENSA, VENDE, AMA*. Dale a me gusta y comencemos a compartir todo lo que has aprendido. Interactúa con las personas del grupo, lo importante es que se cree esta mentalidad y podamos ayudarnos a dejar un mundo mejor.

Para que más personas puedan unirse a este grupo y utilizar lo aprendido en este libro, puedes hacerte una foto con el libro, acompañándola con el comentario:

"YO PIENSO, VENDO Y AMO, ¿Y TÚ?".

Compártela en:

INSTAGRAM Y FACEBOOK.

También puedes contactar conmigo y enviarme tu foto con el libro a través de:

Facebook: CAROLINA RODRIGO FUENTES

Instagram: #carolinarodrigofuentes.

Página web: www.carolinarodrigofuentes.com

Canal de YouTube: Carolina Rodrigo Fuentes

Correo electrónico:

carolinarodrigofuentes@gmail.com

Espero que me escribas y me cuentes tu experiencia después de haber leído el libro, estaré encantada de escucharte.

GRACIAS DE CORAZÓN, ESTOY ENTUSIASMADA POR TUS ÉXITOS.

TU GRAN PEDIDO AL UNIVERSO ESTÁ EN CAMINO. TEN FE Y ESPÉRALO…

UNA VENDEDORA DE SONRISA ILUMINADA.

CAROLINA RODRIGO FUENTES.

¿Y AHORA QUÉ HACER?

Continúa con tu aprendizaje con el siguiente libro de mi trilogía *PIENSA, VENDE, AMA*. En él te voy a contar cómo acelerar el proceso de manifestación para tu pedido al universo, porque ya sabes que no basta solo con pedir, no sirve de mucho demandar las metas con humildad si no pones de tu parte. Las soluciones a nuestra vida no suceden solo con pensar, desear y esperar. Por eso en el siguiente libro te muestro cómo hacerlo a través de diez hábitos que me han transformado la vida y mis ventas, los cuales aplico en mi día a día, en mis ventas y con mis clientes, y entre los que incluyo la meditación, la visualización, la acción, la voluntad y el compromiso.

VOLUMEN 2: ***TRÉBOL DE ORO: 10 Hábitos para crear tu propia "suerte" en las ventas.***